Programmazione Didattica

2010/2011

PECUP – PEI – PDF – AREE – DF. – OFP – UDA
UA – OSA – OGPF

SCUOLA INFANZIA

AUTORI

Educatori :

Insegnante Rosa Schiavo

prof. Diego Maria Splendore

FINITO DI STAMPARE NEL 2010

Premessa

DIMENSIONE VALORIALE

"La vita è simile ad un viaggio dove intendiamo far scoprire ai bambini i propri talenti e inserirli in una dinamica di domande, di ricerca, di scoperte e di stupore. Nella gioiosa esperienza del gruppo e dell'amicizia tutto diventerà più facile e appassionante"

INDICE

PREFAZIONE

La realtà scolastica contemporanea è caratterizzata da un evidente eterogeneità delle classi, fenomeno destinato a diffondersi ulteriormente in una cultura, come quella della scuola italiana, tesa alla valorizzazione della diversità e a raggiungere il faticoso traguardo dell'integrazione. Sempre più spesso gli insegnanti si trovano a dover fronteggiare condizioni problematiche molteplici, di alunni in difficoltà dovute alla presenza di un handicap , a disturbi dell'apprendimento, a problemi emozionali e comportamentali, oppure derivanti da ambienti familiari difficili o da un diverso retroterra culturale. Tale varietà di situazioni trova un denominatore comune nei "bisogni educativi speciali", che richiedono interventi individualizzati e sensibili alle differenze, insieme alla possibilità di fruire di risposte adeguate e di una rete di aiuti permanente, al fine di realizzare non un'integrazione apparente, ma un'integrazione reale. Il tema dell'integrazione dei soggetti anche diversabili è uno degli obiettivi fondamentali che la società contemporanea sostiene di perseguire, e il loro inserimento nelle scuole di ogni ordine e grado è divenuto un elemento importantissimo del dibattito pedagogico e della realtà didattica odierna.

INTRODUZIONE

Le competenze dell'insegnante specializzato nella scuola della diversità

La storia dell'integrazione scolastica è lunga e travagliata. E' nel **1971** con la **legge n. 118**, che prende avvio il difficile iter per l'integrazione dei bambini handicappati nelle scuole comuni; l'art.28 di questa legge, infatti, riconosce agli alunni disabili il diritto ad assolvere l'obbligo scolastico "*nelle classi della scuola pubblica, salvo i casi in cui i soggetti siano affetti da gravi deficienze intellettive o da menomazioni fisiche di tali gravità da impedire o rendere molto difficoltoso l'apprendimento o l'inserimento nelle predette classi normali*". Ma di certo siamo ancora lontani da una vera e propria ottica dell'integrazione. Bisogna arrivare, infatti , al 1977 per individuare un segnale più forte nella ricerca di una soluzione al complesso problema, con l'elaborazione del primo testo legislativo in cui si parla di effettivo inserimento scolastico degli alunni disabili: la **legge 517 del 1977** che, "*al fine di agevolare l'attuazione del diritto allo studio e alla promozione della piena formazione della personalità degli alunni*", *introduce "forme particolari di integrazione e di sostegno a favore degli alunni portatori di handicap da realizzare mediante l'utilizzazione di docenti (...) in possesso di particolari titoli di specializzazione*". Inoltre la legge abolisce le classi differenziali e determina che le classi nelle quali vengono inseriti i portatori di handicap devono essere costituite con un massimo di venti alunni. Un ulteriore passo avanti è costituito dalla **sentenza della corte costituzionale n. 215/1987,** resa applicativa dalla **circolare ministeriale n. 262/98** la quale assicura ai portatori di handicap la frequenza delle scuole medie superiori. Essa ribadisce che gli alunni portatori di handicap non possono considerarsi irrecuperabili e che l'integrazione giova loro non solo ai fini della socializzazione ma anche dell'apprendimento, ed una sua artificiosa interruzione, facendo mancare uno dei fattori favorenti lo sviluppo della personalità, può comportare rischi di arresto di questi, quando non di regressione. Su tale linea si collocano le successive disposizioni legislative in materia di integrazione scolastica sino ad arrivare alla **legge 104 del 1992,** che introduce nel nostro ordinamento nome-quadro per l'assistenza, l'integrazione sociale e i diritti della persona handicappata. Una rilevante parte degli articoli in essa contenuti riguarda l'integrazione scolastica di tali persone, che viene supportata da una serie di ulteriori strumenti di carattere organizzativo e didattico destinati a rendere più efficace l'opera della scuola in questo delicato ed importante campo. Le nuove norme prevedono, dopo l'individuazione dell'alunno come persona handicappata e l'acquisizione della documentazione risultante della "diagnosi funzionale", la definizione e la stesura da parte degli operatori delle unità sanitarie locali e del personale insegnate specializzato della scuola, con la collaborazione dei genitori (e la partecipazione dell'operatore psico-pedagogico), di un "profilo" dinamico funzionale, ai fini della formulazione di un "piano educativo individualizzato". Il "profilo" deve porre in rilievo sia le difficoltà di apprendimento conseguenti alla situazione di handicap e le possibilità di recupero, sia le capacità possedute, che vanno rafforzate e sviluppate nel rispetto delle scelte culturali della persona handicappata. E' questa una delle più rilevanti innovazioni della legge, in quanto determina un impegno complessivo della scuola e della struttura sanitaria per accompagnare in tutto il curricolo scolastico il diversamente abile, attraverso verifiche successive dell'efficacia e dell'intervento e mediante l'aggiornamento del profilo dinamico-funzionale a conclusione di ciascun ciclo scolastico. Il momento in cui la legge 104/92 è resa applicativa coincide con l'approvazione del **D.P.R. del 24 febbraio 1994,** atto di indirizzo e coordinamento delle attività delle regioni a statuto ordinario e speciale e delle provincie autonome di Trento e Bolzano, relativo ai compiti delle unità sanitarie locali in materia di alunni portatori di handicap. Sulla base delle indicazioni della legge quadro 104/92 il D.P.R. sviluppa modalità e competenze in merito all'individuazione dell'alunno come persona handicappata, alla stesura della Diagnosi funzionale, del Profilo dinamico funzionale e del Piano educativo individualizzato, alla verifica degli interventi nei confronti di ogni alunno in situazione di handicap e all'organizzazione del gruppo H d'istituto. Dopo più di un quarto di secolo il concetto di integrazione sociale, scolastica e lavorativa della persona diversabile si è dunque ampiamente diffuso e consolidato, nonostante le logiche del mercato prevalgono spesso su quelle della solidarietà. Ecco perché oggi più che mai si avverte il bisogno delle risorse e dell'esperienze di valide figure professionali, quale quella **dell'insegnante specializzato,** che sappiano conferire visibilità e concretezza ai diritti degli alunni in situazioni di handicap. Di tale figura si parla per la prima volta nel **D.P.R. 970/1975,** che all'art. 9 stabilisce che "*l'insegnante munito di particolari titoli di specializzazione è assegnato alle classi della scuola comune per interventi in favore della generalità degli alunni, ed in particolare di quelli che presentano specifiche difficoltà di apprendimento*". Con la **legge n. 517/77,** già citata quale momento fondamentale per l'integrazione scolastica, si ribadisce che le forme di integrazione e di sostegno a favore dei portatori di handicap sono realizzate mediante insegnanti in possesso di particolari titoli di specializzazione, attraverso la collaborazione di enti locali per il servizio socio-psico-pedagogico e l'attuazione di periodiche verifiche. Un valido modello organizzativo-metodologoco sembra proporlo anche la **circolare ministeriale n. 199/79** che suggerisce forme particolari di sostegno a favore degli alunni portatori di handicap, ribadendo, la necessità che i docenti specializzati per il sostegno "*siano coinvolti nella programmazione educativa e partecipino a pari titolo alla elaborazione e alla verifica delle attività di competenza dei consigli e dei collegi dei docenti*". L'affermazione normativa sulla con titolarità viene poi sancita chiaramente nella **legge quadro 104/92,** che all'art. 13, comma 6, sostiene che "*gli insegnanti di sostegno assumono la contitolarità delle sezioni e delle classi in cui operano, partecipano alla programmazione educativo-didattica e alla elaborazione e verifica dell'attività di competenza dei consigli di interclasse, dei consigli di classe e dei collegi dei docenti*".

La sfida con la quale bisogna misurarsi ora, alla luce delle importanti conquiste raggiunte in campo legislativo, non riguarda dunque il diritto incontestabile della persona disabile ad essere educato nelle nostre scuole; riguarda piuttosto il come educare e con quali mezzi. Occorre, innanzitutto precisare che se esiste una "pedagogia speciale" per studiare i problemi educativi dei disabili, non esiste una "educazione speciale", quanto, piuttosto, strutture di sostegno, ecc. Il portatore di handicap, infatti è una "persona" che deve sviluppare come gli altri le sue potenzialità, per quanto ridotte o menomate, e tentare di trasformarle in capacità, abilità e competenze. Rispetto agli altri, tuttavia, ha maggiori difficoltà di sviluppo, di apprendimento, di comunicazione. In tale ottica, dunque, i normali bisogni educativi che tutti gli alunni hanno, si «arricchiscono» di qualcosa di particolare, di «speciale», per cui l'alunno diversabile ha bisogno di un aiuto costante da parte di operatori qualificati, di interventi di sostegno, di metodi appropriati, di strutture adeguate, di relazioni con altre persone, di tempi più lunghi. Se dunque la preparazione dei docenti in generale, data la difficoltà e l'importanza che comporta il delicato compito di lavorare con soggetti in formazione, ha sollevato e continua a sollevare non pochi problemi,risulta chiaro come l'insegnante specializzato debba possedere, rispetto ai propri colleghi, una marcia in più. L'insegnamento è una professione che richiede una continua modificazione degli strumenti di lavoro ed un continuo aggiornamento. La professionalità scaturisce in prima analisi dal sapere svolgere il proprio lavoro con coscienza e competenza, poiché la professione docente deve essere supportata da una precisa deontologia. Potremmo delineare le competenze dell'insegnante specializzato secondo quattro assi, ciascuno relativo agli imprescindibili aspetti che occorre curare per far fronte ai bisogni educativi speciali.

- Il primo riguarda i **contenuti:** è precipuo compito del docente specializzato predisporre un'organizzazione facilitante dei saperi, il che presuppone una profonda conoscenza della disciplina e dei suoi nuclei epistemologici, nonché delle tecniche più efficaci di trasposizione didattica. L'adeguamento dei contenuti è compito tutt'altro che facile, poiché non coincide affatto con una mera operazione di riduzione; occorre inoltre considerare che un lavoro di questo tipo facilita l'apprendimento di tutti gli alunni, non solo di quelli in difficoltà, per cui il docente di sostegno risulta essere una risorsa per l'intero gruppo classe di cui, e sarà bene non dimenticarlo mai, egli è comunque responsabile, al pari dei suoi colleghi, in quanto contitolare di cattedra.

- Il secondo asse riguarda un'approfondita conoscenza delle diverse **metodologie** di insegnamento, che dovranno essere il più possibile variate e nell'ambito delle quali si potrà scegliere la più idonea allo stile cognitivo, ai punti di forza e ai punti di debolezza dell'alunno che manifesta bisogni educativi speciali, ma non solo.
- Il terzo asse riguarda la **cognizione** e la **metacognizione.** Un bravo insegnante deve conoscere i processi cognitivi che la mente dell'alunno attiva quando apprende: quanto più li conosce, tanto più è in grado di agevolarli. Bisogna pertanto avere ben chiari l'importanza e il funzionamento di tali processi e domandarsi continuamente come fare per svilupparli. Quando si parla di meta cognizione si entra in un campo più difficile, anche perché ancora parzialmente inesplorato. Ci si riferisce all'osservazione e alla consapevolezza di come avvengono i processi cognitivi. Gli studenti con difficoltà devono assumere un ruolo attivo nella gestione dell'insegnamento e del loro apprendimento e devono essere messi nelle condizioni di risolvere i problemi da soli. Quindi, no basta che padroneggino le informazioni e le abilità imparate in classe, ma devono anche saperle applicare con successo per risolvere i problemi diversi e spesso complessi che si presentano loro anche al di fuori dell'ambiente scolastico. In genere, gli studenti abili sanno scegliere, (non è un assioma) applicare e monitorare senza alcun aiuto esterno le procedure strategiche utili per risolvere problemi difficili e nuovi. Gli studenti con difficoltà di apprendimento, invece, hanno una caratteristica in comune, e cioè la difficoltà di avvalersi delle strategie imparate a scuola e, di conseguenza, a generalizzare abilità e conoscenze nella vita quotidiana, a meno che non venga impartito loro un insegnamento esplicito. Di qui l'importanza assoluta di lavorare sulla **metacognizione,** che risulta particolarmente carente nei soggetti con deficit.
- Il quarto asse, che riguarda l'**affettività** e la **conatività,** risulta essere forse il più delicato, perché chiama in causa la **competenza relazionale del docente.** Se già esistono problemi di rapporto dell'insegnante con il gruppo di classe, ancora più difficile diventa la relazione tra il docente e l'alunno disabile. Il soggetto disabile deve "star bene" con il proprio insegnante per poter ricavare benefici dalla sua esperienza scolastica; egli ha bisogno di avere dinanzi a sé una persona capace di trasmettergli sicurezza e affetto, di rafforzare un lui l'autostima per renderlo capace di raggiungere una sua autonomia, che cooperi a farlo sentire parte

integrante del gruppo di classe e ad instaurare un clima il più favorevole possibile all'apprendimento.

Tra le competenze dell'insegnante specializzato non va tralasciata certo la sua capacità di analisi del caso che gli viene affidato – il che implica senz'altro un'adeguata preparazione sul tema dell'handicap – e di pianificare, in piena collaborazione con i colleghi, il proprio intervento, producendo altresì un'opportuna documentazione. L'osservazione dell'alunno deve essere sistematica, nel senso che l'insegnante deve tracciare un suo profilo didattico-pedagogico ed educativo. Inoltre deve essere scientifica e quindi utilizzare tecniche e strumenti che consentano di giungere ad un profilo obiettivo del soggetto, sottoponendo l'alunno a test, schede, ecc.

L'opera del docente di sostegno è molto delicata e importante, poiché gli si richiedono polivalenza di funzioni ed elevata capacità professionale, con esperienze e competenze didattiche. Egli rappresenta il punto di riferimento delle relazioni e delle mediazioni all'interno e all'esterno della scuola. Pur essendo il tecnico del sostegno non deve chiudersi né farsi chiudere nella "nicchia", considerandosi o facendosi considerare l'esclusivo responsabile dei processi di apprendimento del disabile. E' sempre un docente della classe, come il disabile è un alunno della classe, ed ha perciò la consegna di trovare un punto di incontro tra la programmazione e il curricolo, tra la classe e il disabile/svantaggiato, tra i docenti curriculari e l'alunno in difficoltà.

Alla luce di quanto detto finora, il profilo di insegnante che emerge è quello di una figura competente a più livelli, sia nella prassi di relazione e di comunicazione, sia nell'attivazione di un programma educativo integrato. A ciò, a mio avviso, andrebbero aggiunte alcune doti naturali niente affatto trascurabili in un insegnante specializzato quali l'equilibrio, la capacità comunicativa, l'empatia e la generosità.

Ultimamente però alcune cose sono cambiate a livello d'istituzione scolastica e più avanti le analizzerò.

LE COMPETENZE MOTORIE DAI 3 ANNI IN SU'

Ambiti di sviluppo delle conoscenze e delle abilità

Conoscenze **Abilità**	**CONOSCERE IL PROPRIO CORPO, LE SUE MODIFICAZIONI E PADRONEGGIARLO** **Consapevolezza e cambiamenti in età evolutiva**
Conoscenze **Abilità**	**PERCEZIONE SENSORIALE (VISTA TATTO UDITO RITMO...)** **Informazioni propriocettive che riguardano il sé, cinestesiche, ritmo, baricentro, punto d'applicazione della forza e esterocettive che riguardano il mondo circostante: canali Uditivo, visivo, tattile**
Conoscenze **Abilità**	**COORDINAZIONE** **Coordinazione generale (schemi motori, equilibrio, orientamento spazio-tempo)** **E coordinazione oculo-manuale e segmentaria**
Conoscenze **Abilità**	**ESPRESSIVITA' CORPOREA** **Linguaggio verbale e non verbale, interazione tra movimento e processi affettivi/cognitivi**
Conoscenze **Abilità**	**GIOCO, GIOCO-SPORT E SPORT** **Aspetti relazionali, cognitivi. Aspetti tecnici e tattici**
Conoscenze **Abilità**	**SICUREZZA E SALUTE** **Prevenzione degli infortuni e norme basilari di primo soccorso.** **Assunzione attiva e responsabile di corretti stili di vita**
Conoscenze **Abilità**	**AMBIENTE NATURALE** **Esperienze dirette con valenza trasversale**

LA SCUOLA DELL'INFANZIA

La scuola dell'infanzia, liberamente scelta dalle famiglie, si rivolge a tutti i bambini dai 3 ai 6 anni di età e è la risposta al loro diritto all'educazione. Ha le sue origini nelle comunità locali (come i Comuni le Parrocchie) e in esse è cresciuta. Oggi si esprime in una pluralità di modelli istituzionali e organizzativi promossi da diversi soggetti: lo Stato; gli Ordini religiosi, le Associazioni e le Comunità parrocchiali; gli Enti Locali. Ciascuno di essi ha apportato un contributo originale allo sviluppo della scuola dell'infanzia, per la valorizzazione e la partecipazione sociale, per la generalizzazione e la qualificazione del servizio. La storia della scuola dei piccoli, passando dalle iniziali forme di assistenza locale a una diffusione nazionale, resa possibile dall'intervento dello Stato, riassume il percorso di crescita e affermazione di una cultura che dà valore all'infanzia. La scuola dell'infanzia è oggi un sistema pubblico integrato in evoluzione, che rispetta le scelte educative delle famiglie e realizza il senso nazionale e universale del diritto all'istruzione. Nelle sue diverse espressioni, ha prodotto sperimentazioni, ricerche e contributi che costituiscono un patrimonio pedagogico riconosciuto in Europa e nel Mondo. Per ogni bambino o bambina, la scuola dell'infanzia si pone la finalità di promuovere lo sviluppo dell'identità, dell'autonomia, della competenza, della cittadinanza. Sviluppare l'identità significa imparare a stare bene e a sentirsi sicuri nell'affrontare nuove esperienze in un ambiente sociale allargato. Vuol dire imparare a conoscersi e a sentirsi riconosciuti come persona unica e irripetibile, ma vuol dire anche sperimentare diversi ruoli e diverse forme di identità: figlio, alunno, compagno, maschio o femmina, abitante di un territorio, appartenente a una comunità. Sviluppare l'autonomia comporta l'acquisizione delle capacità di interpretare e governare il proprio corpo; partecipare alle attività nei diversi contesti; avere fiducia in sé e fidarsi degli altri; realizzare le proprie attività senza scoraggiarsi; provocare piacere nel fare da sé e saper chiedere aiuto; esprimere con diversi linguaggi i sentimenti e le emozioni; esplorare la realtà e comprendere le regole della vita quotidiana; partecipare alle negoziazioni e alle decisioni motivando le proprie opinioni, le proprie scelte e i propri comportamenti; assumere atteggiamenti sempre più responsabili. Sviluppare la competenza significa imparare a riflettere sull'esperienza attraverso l'esplorazione, l'osservazione e l'esercizio al confronto; descrivere la propria esperienza e tradurla in tracce personali e condivise, rievocando, narrando e rappresentando fatti significativi; sviluppare l'attitudine a fare domande, riflettere, negoziare i significati. Sviluppare il senso della cittadinanza significa scoprire gli altri, i loro bisogni e le necessità di gestire i contrasti attraverso regole condivise, che si definiscono attraverso le relazioni, il dialogo, l'espressione del proprio pensiero, l'attenzione al punto di vista dell'altro, il primo riconoscimento dei diritti e dei doveri; significa porre le fondamenta di un abito democratico, eticamente orientato, aperto al futuro e rispettoso del rapporto uomo-natura.

I BAMBINI, LE FAMIGLIE, L'AMBIENTE DI APPRENDIMENTO

I bambini

I bambini sono attivi, amano costruire, giocare, comunicare e fin dalla nascita intraprendono una ricerca di senso che li sollecita a indagare la realtà. Oggi, però, la crescita di ciascun bambino e di ciascuna bambina è resa ardua dalle innumerevoli e spesso contrastanti sollecitazioni comunicative, dai riferimenti identitari e relazionali plurimi, dai tempi contratti che caratterizzano gli ambienti di vita e i rapporti familiari sociali, dalla solitudine di molte famiglie e dalla carenza per molti bambini di contatti con i coetanei.

Giungono alla scuola dell'infanzia con una storia: hanno imparato a parlare e muoversi con autonomia; hanno sperimentato le prime e più importanti relazioni; hanno appreso a esprimere emozioni e a interpretare i ruoli attraverso il gioco; hanno appreso i tratti fondamentali della loro cultura. Fra i tre e i sei anni incontrano e sperimentano diversi linguaggi, scoprono attraverso il dialogo e il confronto con gli altri bambini l'esistenza di diversi punti di vista, pongono per la prima volta le grandi domande esistenziali, osservano e interrogano la natura, elaborano le prime ipotesi sulla lingua, sui media e sui diversi sistemi simbolici.

Le loro potenzialità e disponibilità possono essere sviluppate o inibite, possono evolvere in modo armonioso o disarmonico, in ragione dell'impegno professionale degli insegnanti, della collaborazione con le famiglie, dell'organizzazione e delle risorse disponibili per costruire contesti di apprendimento ricchi e significativi.

Le famiglie

Le famiglie, che rappresentano il contesto più influente per lo sviluppo dei bambini, pur nella loro diversità – perché molteplici sono gli ambienti di vita e i riferimenti, religiosi, etici, comportamentali – sono sempre portatrici di risorse che possono essere valorizzate, sostenute e condivise nella scuola, per consentire di creare una rete solida di scambi e di responsabilità comuni.

Il primo incontro con la scuola e con gli insegnanti, nonché l'esperienza scolastica dei figli aiutano i genitori a prendere più chiaramente coscienza della responsabilità educativa che è loro affidata. Essi sono così stimolati a partecipare a un dialogo intorno alle finalità della scuola e agli orientamenti educativi, per rendere forti i loro bambini e attrezzarli per un futuro che non è facile da prevedere e decifrare.

Alla scuola dell'infanzia si affacciano genitori che provengono da altre nazioni e che costruiscono progetti lunghi o brevi di vita per i loro figli nel nostro paese. Essi professano religioni diverse, si ispirano spesso a modelli tradizionali di educazione, di ruoli sociali e di genere apprese nei paesi di origine ed esprimono il bisogno di rinfrancare la propria identità in una cultura per loro nuova. La scuola dell'infanzia è per loro occasione di incontro con altri genitori, per costruire rapporti di fiducia e nuovi legami di comunità. Le famiglie dei bambini con disabilità chiedono sostegno alla scuola per promuovere le risorse dei loro figli, attraverso il riconoscimento sereno delle differenze e la costruzione di ambienti educativi accoglienti e inclusivi, in modo che ciascun bambino possa trovare attenzioni specifiche ai propri bisogni e condividere con gli altri il proprio percorso di formazione.

L'ambiente di apprendimento

La scuola dell'infanzia si propone come contesto di relazione, di cura e di apprendimento, nel quale possono essere filtrate, analizzate ed elaborate le sollecitazioni che i bambini sperimentano nelle loro esperienze. Promuove un pedagogia attiva e delle relazioni che si manifesta nelle capacità degli insegnanti di dare ascolto e attenzioni a ciascun bambino, nella cura dell'ambiente, dei gesti e delle cose e nell'accompagnamento verso forme di conoscenza sempre più elaborate e consapevoli. L'apprendimento avviene attraverso l'esperienza, i rapporti tra i bambini, con la natura, gli oggetti, l'arte, il territorio e le sue tradizioni, attraverso la rielaborazione individuale e collettiva delle esperienze e attraverso attività ludiche. Con il gioco i bambini si esprimono, raccontano, interpretano e combinano in modo creativo le esperienze soggettive e sociali.

L'ambiente di apprendimento è organizzato dagli insegnanti in modo che ogni bambino si senta riconosciuto, sostenuto e valorizzato: il bambino con competenze forti, il bambino cui la famiglia viene da lontano, il bambino con fragilità e difficoltà, il bambino con bisogni educativi specifici, il bambino con disabilità, poiché tutti devono saper coniugare il senso dell'incompiutezza con la tensione verso la propria riuscita. La vista di relazione è caratterizzata da ritualità e da convivialità serena per incoraggiare il bambino a ritrovarsi nell'ambiente e ad averne cura e responsabilità. Le relazioni con gli insegnanti e fra i bambini sono un importante fattore protettivo e di promozione dello sviluppo. La scuola dell'infanzia organizza le proposte educative e didattiche espandendo e dando forma alle prime esplorazioni, intuizioni e scoperte dei bambini attraverso un curricolo esplicito. A esso è sotteso un curricolo implicito costituito da costanti che definiscono l'ambiente di apprendimento e lo rendono specifico e immediatamente riconoscibile:

- Lo spazio accogliente, caldo, curato, orientato dal gusto, espressione della pedagogia e delle scelte educative di ciascuna scuola. E' uno spazio che parla dei bambini, del loro valore, dei loro bisogni di gioco, di movimento, di espressione, di intimità e di socialità, attraverso l'ambiente fisico, la scelta di arredamenti e oggetti volti a creare una funzionale e invitante disposizione a essere abitato dagli stessi bambini.
- Il tempo disteso, nel quale è possibile per il bambino giocare, esplorare, dialogare, osservare, ascoltare, capire, crescere con sicurezza e nella tranquillità, sentirsi padrone di sé e delle attività che sperimenta e nelle quali si esercita. In questo modo il bambino può scoprire e vivere il proprio tempo esistenziale senza accelerazioni e senza rallentamenti indotti dagli adulti.
- La documentazione, come processo che produce tracce, memoria e riflessione, che rende visibili le modalità e i percorsi di formazione e che permette di valutare i progressi dell'apprendimento individuale e di gruppo.
- Lo stile educativo, fondato sull'osservazione e sull'ascolto, sulla progettualità elaborata collegialmente, sull'intervento indiretto e di regia.
- La partecipazione, come dimensione che permette di stabilire e sviluppare legami di corresponsabilità, di incoraggiare il dialogo e la cooperazione nella costruzione della conoscenza.

La scuola dell'infanzia sperimenta con libertà la propria organizzazione, la formazione dei gruppi, delle sezioni e le attività di intersezione a seconda delle scelte pedagogiche, dell'età e della numerosità dei bambini e delle risorse umane e ambientali delle quali può disporre.

I CAMPI DI ESPERIENZA

Gli insegnanti accolgono, valorizzano ed estendono la curiosità, le esplorazioni, le proposte dei bambini e creano occasioni e progetti di apprendimento per favorire l'organizzazione di ciò che i bambini vanno scoprendo. L'esperienza diretta, il gioco, il procedere per tentativi ed errori permettono al bambino, opportunamente guidato, di approfondire e sistematizzare gli apprendimenti e di avviare processi di simbolizzazione e formalizzazione. Pur nell'approccio globale che caratterizza la scuola dell'infanzia, gli insegnanti individuano, dietro ai vari campi di esperienza, il delinearsi dei saperi disciplinari e dei loro alfabeti. In particolare nella scuola dell'infanzia i traguardi per lo sviluppo della competenza suggeriscono all'insegnante orientamenti, attenzioni e responsabilità nel creare occasioni e possibilità di esperienze volte a favorire lo sviluppo della competenza, che a questa età va inteso in modo globale e unitario.

Il sé è l'altro

Le grandi domande, il senso morale, il vivere insieme

I bambini formulano le grandi domande esistenziali e sul mondo e cominciano a riflettere sul senso e sul valore morale delle loro azioni, prendendo coscienza della propria identità, scoprono le diversità e apprendono le prime regole necessarie alla vita sociale. Negli anni della scuola dell'infanzia il bambino osserva la natura, la vita e il suo evolversi ed estinguersi, l'ambiente che lo circonda, le relazioni tra le persone; ascolta le narrazioni degli adulti, le espressioni delle loro opinioni e della loro fede; è testimone degli eventi e ne vede la rappresentazione attraverso i media, partecipa alle tradizioni della famiglia e della comunità. Sente di appartenere alla sua famiglia, alla sua comunità, alla sua scuola; si accorge di essere uguale e diverso nella varietà delle situazioni, di poter essere accolto o escluso, di poter accogliere o escludere. Si chiede dove era prima di nascere e se e dove finirà la sua esistenza e quella di chi gli è caro, quale sia l'origine del mondo; si interroga su Dio e si confronta con l'esperienza religiosa. La presenza di bambini che parlano altre lingue e hanno tratti diversi e famiglie con tradizioni e religioni diverse, apre nuovi orizzonti, suscita reazioni, curiosità, preoccupazioni e sentimenti che non possono essere ignorati. In questi anni, dunque, si definisce e si articola l'identità di ciascun bambino e di ciascuna bambina come consapevolezza del proprio corpo, della propria personalità e del proprio stare con gli altri. Sono gli anni della scoperta degli adulti come fonte di protezione e contenimento, degli altri bambini come compagni di giochi e come limite alla propria volontà. Il bambino cerca di dare un nome agli stati d'animo, sperimenta il piacere e le difficoltà della condivisione e i primi conflitti, supera progressivamente l'egocentrismo e può cogliere altri punti di vista. Esperienze, emozioni, pensieri e domande generano riflessioni, ipotesi, discorsi, comportamenti sociali che hanno bisogno di spazi di incontro e di elaborazione.

La scuola si pone come luogo di dialogo, di approfondimento culturale e di reciproca formazione tra genitori e insegnanti per affrontare insieme questi temi e proporre ai bambini un modello di ascolto e di rispetto, per convenire come aiutare ciascun bambino a trovare risposte alle grandi domande in coerenza con le scelte della sua famiglia e al tempo stesso riconoscendo e comprendendo scelte diverse e mostrando loro rispetto. La scuola si confronta con le famiglie per condividere le regole che consentono di realizzare le finalità educative e propone ai bambini prime forme di dialogo sulle domande che essi pongono, sugli eventi della vita quotidiana, sulle regole del vivere insieme.

Traguardi per lo sviluppo della competenza

Il bambino sviluppa il senso dell'identità personale, è consapevole delle proprie esigenze e dei propri sentimenti, sa controllarli ed esprimerli in modo adeguato. Sa di avere una storia personale e familiare, conosce le tradizioni della famiglia, delle comunità e sviluppa un senso di appartenenza. Pone domande sui temi esistenziali e religiosi, sulle diversità culturali, su ciò che è bene o male, sulla giustizia, e ha raggiunto una prima consapevolezza dei propri diritti e dei diritti degli altri, dei valori, delle ragioni e dei doveri che determinano il suo comportamento. Riflette, si confronta, discute con gli adulti e con gli altri bambini, si rende conto che esistono punti di vista diversi e sa tenerne conto. E' consapevole delle differenze e sa averne rispetto.

Ascolta gli altri e da spiegazioni del proprio comportamento e del proprio punto di vista. Dialoga, discute e progetta confrontando ipotesi e procedure, gioca e lavora in modo costruttivo e creativo con gli altri bambini. Comprende chi è fonte di autorità e di responsabilità nei diversi contesti, sa eseguire regole di comportamento e assumersi responsabilità.

Il corpo in movimento

Identità, autonomia, salute

I bambini prendono coscienza e acquisiscono il senso del proprio sé fisico, il controllo del corpo, delle sue funzioni, della sua immagine, delle possibilità sensoriali ed espressive e di relazione e imparano ad averne cura attraverso l'educazione alla salute. Il bambino che entra nella scuola ha già acquisito il dominio delle principali funzioni del corpo, il senso della propria identità e alcune conoscenze fondamentali riguardanti lo schema e il linguaggio corporeo, attraverso le quali si esprime e organizza la sua presenza attiva nel mondo circostante. Sviluppa la conoscenza del corpo attraverso l'esperienza sensoriale e percettiva che gli permette di sperimentare le potenzialità, di affinarle e di rappresentarlo. I giochi e le attività di movimento consolidano la sicurezza di sé e permettono ai bambini e alle bambine di sperimentare la potenzialità ei limiti della propria fisicità, i rischi dei movimenti incontrollati e violenti, le diverse sensazioni date dai movimenti di rilassamento e di tensione, il piacere del coordinare le attività con quelle degli altri in modo armonico.

Il corpo ha potenzialità espressive e comunicative che si realizzano in un linguaggio caratterizzato da una propria struttura e da regole che il bambino apprende attraverso specifici percorsi di apprendimento: i gesti mimici, sostituiscono o sottolineano la parola, mantengono la conversazione o la sospendono, esprimono sentimenti ed emozioni, accompagnano la fruizione musicale. Le attività informali, di routine e di vita quotidiana, la vita e i giochi all'aperto sono altrettanto importanti delle attività espressive e di movimento libero o guidato e possono essere occasione per l'educazione alla salute attraverso una sensibilizzazione alla corretta alimentazione e all'igiene personale. La scuola dell'infanzia mira a sviluppare gradualmente nel bambino la capacità di leggere, capire e interpretare i messaggi provenienti dal corpo proprio e altrui, di rispettarlo e di averne cura, di esprimersi e di comunicare attraverso di esso per giungere ad affinarne la capacità percettive e di conoscenza degli oggetti, la capacità di orientarsi nello spazio, di muoversi e di comunicare secondo fantasia e creatività.

Traguardi per lo sviluppo della competenza

Il bambino raggiunge una buona autonomia personale nell'alimentarsi e nel vestirsi, riconosce i segnali del corpo, sa che cosa fa bene e che cosa fa male, conosce il proprio corpo, le differenze sessuali e di sviluppo e consegue pratiche corrette di cura di sé, di igiene e di sana alimentazione. Prova piacere nel movimento e in diverse forme di attività e di destrezza quali correre, stare in equilibrio, coordinarsi in altri giochi individuali e di gruppo che richiedono l'uso di attrezzi e il rispetto di regole, all'interno della scuola e all'aperto. Controlla la forza del corpo, valuta il rischio, si coordina con gli altri. Esercita le potenzialità sensoriali, conoscitive, relazionali, ritmiche ed espressive del corpo. Conosce le diverse parti del corpo e rappresenta il corpo in stasi e in movimento.

Linguaggi, creatività, espressione

Gestualità, arte, musica, multimedialità

I bambini sono portati a esprimere con immaginazione e creatività le loro emozioni e i loro pensieri: l'arte orienta questa propensione, educa al sentire estetico e al piacere del bello. Lo sforzo di esplorare i materiali, di interpretare e creare sono atteggiamenti che si manifestano nelle prime esperienze artistiche e che possono estendersi e appassionare ad altri apprendimenti. I bambini possono esprimersi in linguaggi differenti: con la voce, il gesto, la drammatizzazione, i suoni, la musica, la manipolazione e la trasformazione dei materiali più diversi, le esperienze grafico-pittoriche, i mass-media, ecc. la fruizione di questi linguaggi educa al senso del bello, alla conoscenza di se stessi, degli altri e della realtà. L'incontro dei bambini con l'arte è occasione per osservare con occhi diversi il mondo che li circonda. I diversi materiali esplorati con tutti i sensi, le tecniche sperimentate, confrontate, condivise ed esercitate, le osservazioni di quadri, sculture o architetture aiuteranno a migliorare la capacità di osservare, coltivare il piacere della fruizione e ad avvicinare alla cultura e al patrimonio artistico. I bambini che si cimentano nelle diverse pratiche di pittura, di manipolazione, di costruzione plastica e meccanica osservano, imitano, trasformano, interpretano, inventano e raccontano. La musica è un linguaggio universale, carico di emozioni e ricco di tradizioni culturali. Il bambino, interagendo con il paesaggio sonoro, sviluppa le proprie capacità cognitive e relazionali, impara a percepire, ascoltare, ricercare e discriminare i suoni all'interno di contesti di apprendimento significativi. Esplora le proprie possibilità sonoro-espressive e simbolico-rappresentative, accrescendo la fiducia nelle proprie potenzialità.

L'ascolto delle produzioni sonore personali lo apre al piacere di fare musica e alla condivisione di repertori appartenenti a vari generi musicali.

Traguardi per lo sviluppo della competenza

Il bambino segue con attenzione e con piacere spettacoli di vario tipo (teatrali, musicali, cinematografici…); sviluppa interesse per l'ascolto della musica e per la fruizione e l'analisi di opere d'arte. Comunica, esprime emozioni, racconta, utilizzando le varie possibilità che il linguaggio del corpo consente. Inventa storie e si esprime attraverso diverse forme di rappresentazione e drammatizzazione. Si esprime attraverso il disegno, la pittura e altre attività manipolative e sa utilizzare diverse tecniche espressive. Esplora i materiali che ha a disposizione e li utilizza con creatività. Formula piani di azione, individualmente e in gruppo, e sceglie con cura materiali e strumenti in relazione al progetto da realizzare. E' preciso, sa rimanere concentrato, si appassiona e sa portare a termine il proprio lavoro. Ricostruisce le fasi più significative per comunicare quanto realizzato. Scopre il paesaggio sonoro attraverso attività di percezione e produzione musicale utilizzando voce, corpo e oggetti. Sperimenta e combina elementi musicali di base, producendo semplici sequenze sonoro-musicali. Esplora i primi alfabeti musicali, utilizzando i simboli di una notazione informale per codificare i suoni percepiti e riprodurli. Esplora le possibilità offerte dalle tecnologie per fruire delle diverse forme artistiche, per comunicare e per esprimersi attraverso di esse.

I discorsi e le parole

Comunicazione, lingua, cultura

I bambini apprendono a comunicare verbalmente, a descrivere le proprie esperienze e il mondo, a conversare e dialogare, a riflettere sulla lingua, e si avvicinano alla lingua scritta. Attraverso la conoscenza e la consapevolezza della lingua materna e di altre lingue consolidano l'identità personale e culturale e si aprono verso altre culture. I bambini giungono alla scuola dell'infanzia avendo acquisito le principali strutture linguistiche: hanno appreso, nell'interazione con i familiari, la lingua materna, le sue intonazioni e ritmi, le principali regole del discorso; sanno usare la lingua per esprimere le proprie intenzioni e i propri desideri e per interagire con gli altri; hanno osservato e appreso come le diverse persone comunicano tra loro; hanno avuto contatti con i messaggi prodotti dai media. Spesso hanno già incontrato lingue diverse. La lingua diventa via via uno strumento con il quale giocare ed esprimersi in modi personali, creativi e sempre più articolati; sul quale riflettere per comprenderne il funzionamento; attraverso il quale raccontare e dialogare, pensare logicamente, approfondire le conoscenze, chiedere spiegazioni e spiegare il proprio punto di vista, progettare, lasciare tracce. Se opportunamente guidati, i bambini estendono il patrimonio lessicale, le competenze grammaticali, conversazionali, logiche e argomentative, confrontano la propria lingua materna con altre lingue, formulano ipotesi e si cimentano con l'esplorazione della lingua scritta. Possono apprendere efficacemente una seconda lingua purché il contesto sia dotato di senso, l'apprendimento avvenga in modo naturale, sia inserito nelle attività quotidiane e diventi esso stesso occasione di riflessione e di dialogo. La scuola dell'infanzia ha il compito di promuovere in tutti i bambini la padronanza della lingua italiana e la consapevolezza dell'importanza dell'uso della propria lingua materna da parte dei bambini di origini culturali diverse. Offre la possibilità di vivere contesti di espressione-comunicazione nei quali il bambino possa imparare a utilizzare la lingua in tutte le sue funzioni e nelle forme necessarie per addentrarsi nei diversi campi di esperienza. Sollecita le pratiche linguistiche che mettano i bambini in condizione di scambiare punti di vista, confrontare le proprie interpretazioni attorno a fatti ed eventi, esprimere i propri pensieri, negoziare e condividere con gli altri le proprie opinioni. Incoraggia il progressivo avvicinarsi dei bambini alla lingua scritta, che potenzia e dilata gli orizzonti della comunicazione, attraverso la lettura di libri illustrati e l'analisi di messaggi presenti nell'ambiente.

Traguardi per lo sviluppo della competenza

Il bambino sviluppa la padronanza d'uso della lingua italiana e arricchisce e precisa il proprio lessico. Sviluppa fiducia e motivazione nell'esprimere e comunicare agli altri le proprie emozioni, le proprie domande, i propri ragionamenti e i propri pensieri attraverso il linguaggio verbale, utilizzando in modo differenziato e appropriato nelle diverse attività. Racconta, inventa, ascolta e comprende le narrazioni e la lettura di storie, dialoga, discute, chiede spiegazioni e spiega, usa il linguaggio per progettare le attività e per definirne le regole. Sviluppa un repertorio linguistico adeguato alle esperienze e agli apprendimenti compiuti nei diversi campi di esperienza. Riflette sulla lingua, confronta lingue diverse, riconosce, apprezza e sperimenta la pluralità linguistica e il linguaggio poetico. E' consapevole della propria lingua materna. Formula ipotesi sulla lingua scritta e sperimenta le prime forme di comunicazione attraverso la scrittura, anche utilizzando le tecnologie.

La conoscenza del mondo

Ordine, misura, spazio, tempo, natura

I bambini esplorano la realtà, imparando a organizzare le proprie esperienze attraverso azioni consapevoli quali il raggruppare, il comparare, il contare, l'ordinare, l'orientarsi e il rappresentare con disegni e con parole. Attraverso le attività proposte, le organizzazioni dei fenomeni naturali e degli organismi viventi, le conversazioni, le attività ludiche, costruttive o progettuali, il bambino comincia a capire l'importanza di guardare sempre meglio i fatti del mondo, confrontando le proprie idee con le idee proposte dagli adulti e dagli altri bambini. Partendo da situazioni di vita quotidiana, dal gioco, dalle domande e dai problemi che nascono dall'esperienza concreta il bambino comincia a costruire competenze trasversali quali: osservare, manipolare, interpretare i simboli per rappresentare significati; chiedere spiegazioni, riflettere, ipotizzare e discutere soluzioni; cogliere il punto di vista degli altri in relazione al proprio, nelle azioni e nelle comunicazioni; prevedere, anticipare, osservare, organizzare, ordinare gli oggetti e le esperienze; interagire con lo spazio in modo consapevole e compiere i primi tentativi per rappresentarlo; avvicinarsi al numero come segno e strumento per interpretare la realtà e interagire con essa; riflettere sulla misura, sull'ordine e sulla relazione; osservare i viventi, sempre in relazione con aspetti del mondo fisico, mossi dalla curiosità verso di sé e verso l'ambiente naturale nonché verso le sue continue trasformazioni; progettare e perseguire progetti nel tempo documentandone gli sviluppi. Nella scuola dell'infanzia i bambini apprendono a organizzarsi gradualmente nel tempo e nello spazio, a partire dai loro vissuti quotidiani di vita familiare, scolastica, ludica e facendo riferimento alle attività degli adulti e agli eventi naturali e culturali. Spazio e tempo sono legati tra loro nell'esperienza fondamentale del movimento, le cui caratteristiche di durata, estensione e rapidità costituiscono per i bambini sia elementi di analisi degli stessi movimenti direttamente osservati, sia criteri di interpretazione del cambiamento in generale.

I bambini acquisiscono consapevolezza del proprio corpo attraverso una corrispondente consapevolezza del mondo e viceversa: la prima "organizzazione fisica" del mondo esterno (forma, movimento, luce, calore, ecc.) si sviluppa in stretta e reciproca corrispondenza con i canali di percezione e motricità. In modo analogo il bambino mette in relazione le funzioni interne e le funzionalità esterne di qualunque organismo vivente e si accosta alla consapevolezza delle trasformazioni della materia mettendole in relazione con le esperienze del proprio corpo. Il bambino può interpretare qualunque macchina, meccanismo, strumento, artefatto tecnologico che fa parte della sua esperienza mediante un contrappunto fra "come è fatto" e "cosa fa". L'intreccio fra linguaggio e azione nell'attività di conoscenza del bambino favorisce la scoperta della varietà degli aspetti del mondo e, al tempo stesso, promuove l'organizzazione culturale. Il compito degli insegnanti è quello di rendere i bambini gradualmente consapevoli della ricchezza potenziale della loro esperienza quotidiana e dei modi in cui la cultura dà forma a tale esperienza; di assecondarli e sostenerli nel processo dello sviluppo della competenza e nei loro primi tentativi di simbolizzare e formalizzare le conoscenze del mondo; di aiutarli e indirizzarli nel costruire le prime immagini del mondo e di sé che siano coerenti e significative, a percepire e coltivare il benessere che deriva dallo stare nell'ambiente naturale.

Traguardi per lo sviluppo della competenza

Il bambino raggruppa e ordina secondo criteri diversi, confronta e valuta quantità; utilizza semplici simboli per registrare; compie misurazioni mediante semplici strumenti. Colloca correttamente nello spazio se stesso, oggetti, persone; segue correttamente un percorso sulla base di indicazioni verbali. Si orienta nel tempo della vita quotidiana. Riferisce eventi del passato recente dimostrando consapevolezza della loro collocazione temporale; formula correttamente riflessioni e considerazioni relative al futuro immediato e prossimo. Coglie le trasformazioni naturali. Osserva i fenomeni naturali e gli organismi viventi sulla base di criteri o ipotesi, con attenzione e sistematicità. Prova interesse per gli artefatti tecnologici, li esplora e sa scoprirne funzioni e possibili usi. E' curioso, esplorativo, pone domande, discute, confronta ipotesi, spiegazioni, soluzioni e azioni. Utilizza un linguaggio appropriato per descrivere le osservazioni o le esperienze.

NOVITA' PER CORPO, MOVIMENTO E SPORT

Indicazioni curricolari // Il Ministero italiano della pubblica istruzione ha presentato le nuove indicazioni nazionali valide per i prossimi due anni scolastici. In collaborazione con la CAPDI proponiamo un sunto delle parti riguardanti l'educazione fisica nella scuola del primo ciclo.

Nella scuola del primo ciclo che comprende la prima e la secondaria di primo grado, l'area disciplinare motoria è inserita in quella linguistico-artistico-espressiva. La disciplina «educazione fisica» prende il nome di «corpo, movimento, sport».

Un'area sovra disciplinare

L'apprendimento delle lingue e dei linguaggi non verbali si realizza con il concorso di più discipline: lingua italiana; lingue comunitarie; musica, arte e immagine; corpo, movimento e sport. Tutte queste discipline, pur mantenendo un ambito di apprendimento proprio, storicamente e convenzionalmente organizzato intorno a specifici temi e problemi, a metodi e a linguaggi propri, concorrono a definire un'area sovra disciplinare in cui esse ritrovano una comune matrice antropologica nell'esigenza comunicativa dell'uomo e nell'esplicazione di facoltà uniche e peculiari del pensiero umano. Gli esseri umani, infatti, con i linguaggi verbali, iconici e sonori hanno da sempre attuato la loro propensione a narrare e a descrivere spazi, personaggi e situazioni sia reali sia virtuali, a elaborare idee e a rappresentare sentimenti comuni creando l'immaginario collettivo, attraverso il quale è stato elaborato e trasmesso il patrimonio di valori estetici, culturali e civili di una comunità.

Anche il linguaggio del corpo collabora alla comunicazione artistica (nella mimica, nella gestualità teatrale, nel balletto) e alla comunicazione quotidiana, con la gestualità, ma anche con le diverse modalità attraverso le quali il corpo occupa lo spazio.

Stare bene con se stessi

Nel primo ciclo il corpo, il movimento e lo sport promuovono la conoscenza di sé, dell'ambiente e delle proprie possibilità motorie. Contribuiscono, inoltre, alla formazione della personalità dell'alunno attraverso la conoscenza e la consapevolezza della propria identità corporea, ma anche delle necessità di prendersi cura della propria persona e del proprio benessere.

In particolare, lo «stare bene con se stessi» richiama l'esigenza che nel curricolo dell'educazione al movimento confluiscano esperienze che riconducono a stili di vita corretti e saltuari, che comprendono la prevenzione di patologie connesse all'ipocinesia, la valorizzazione delle esperienze motorie e sportive extrascolastiche, i principi essenziali di una corretta condotta alimentare, nonché una puntuale informazione riguardante gli effetti sull'organismo umano di sostanza che inducono dipendenza.

Condividere esperienze di gruppo

La disciplina fornirà all'alunno le occasioni per riflettere sui cambiamenti morfo-funzionali del proprio corpo, per accettarli come espressione della crescita e del processo di maturazione di ogni persona; offrirà altresì occasioni per riflettere sulle valenze che l'immagine di sé assume nel confronto col gruppo dei pari. L'educazione motoria sarà quindi l'occasione per promuovere esperienze cognitive, sociali, culturali e affettive. Attraverso il movimento, con il quale si realizza una vastissima gamma di gesti che vanno dalla mimica del volto alle più svariate performance sportive, l'alunno potrà esplorare lo spazio, conoscere il suo corpo, comunicare e relazionarsi con gli altri.

La conquista di abilità motorie e la possibilità di sperimentare il successo delle proprie azioni sono fonte di gratificazione che incentivano l'autostima dell'alunno e l'ampliamento progressivo della sua esperienza, arricchendola di stimoli sempre nuovi. L'attività motoria e sportiva, soprattutto nelle occasioni in cui fa sperimentare la vittoria o la sconfitta, contribuisce all'apprendimento delle capacità di modulare e controllare le proprie emozioni. Attraverso la dimensione corporeo-motoria l'alunno esprime istanze comunicative e, a volte, manifesta disagi di varia natura che non riesce a comunicare con un linguaggio verbale.

APPUNTI VARI

La qualità dell'integrazione: intervista ai testimoni privilegiati

Durante il tirocinio diretto è stato somministrato ad alcuni componenti della scuola particolarmente coinvolti nel tema dell'integrazione, il dirigente scolastico, la docente accogliente, la funzione strumentale dell'area e la funzione aggiuntiva per l'assistenza all'autonomia, un questionario-intervista finalizzato a comprendere fino a che punto i basilari indicatori di qualità dell'integrazione scolastica siano oggi riscontrabili a scuola tra gli operatori. dell'integrazione scolastica siano oggi riscontrabili a scuola tra gli operatori. Le risposte ai quesiti lasciano infatti trasparire, tra le righe, il grado di accettazione e di integrazione raggiunto, al di là di un ormai diffuso e non sempre sincero atteggiamento di positività nei confronti dell'handicap. Si leggano, nello specifico, le osservazioni dei diretti interessati di seguito riportate.

Il dirigente

- *Con quali criteri si dispongono i posti all'interno dell'aula e come si decide la posizione spaziale dell'alunno disabile?*
  Il posto si decide in linea di massima insieme all'alunno disabile, che comunque non resta mai isolato. Spesso il suo compagno di banco svolge anche la funzione di *tutor*.
- *Con quali criteri si dispongono i posti e i ruoli degli alunni?*
  Non esiste una ricetta universale. Si cerca di tener conto di tutta una serie di fattori, volti alla preparazione di un clima socializzante e favorevole per l'apprendimento.
- *Qual è il ruolo dell'insegnante di sostegno? Quando e con quali modalità pianifica le attività con i docenti delle discipline?*
  L'insegnante di sostegno deve stare con la classe; il suo ruolo è in tutto e per tutto assimilabile a quello di un qualsiasi docente curricolare. Collabora con i colleghi per la pianificazione e la realizzazione di tutte le attività proposte al gruppo classe, che indubbiamente riceve un rinforzo positivo anche da un rapporto di questo tipo far i suoi insegnanti.
- *L'insegnante di sostegno è una risorsa per il gruppo classe? Perché?*
  Assolutamente si. Naturalmente, più ore trascorse in una classe, più diventa un importante punto di riferimento. Anzi: essendo l'unico a seguirli nelle più svariate attività, offrendo la propria guida, diventa ai loro occhi il docente con una marcia in pi rispetto agli altri.
- *Con quale frequenza e modalità si svolgono i lavori di tipo cooperativo?*
  Si svolgono piuttosto spesso. Si tratta di una modalità d'insegnamento che sta prendendo sempre più piede, un po' in tutte le discipline. Ovviamente si tiene conto, nello specifico, delle esigenze del gruppo classe.

- *Esiste l'aula di sostegno? Se si, come e da chi viene utilizzata?*

  In questo istituto è espressamente vietato disporre di un'apposita aula per il sostegno!
- *Qual è il tempo degli alunni disabili in classe? Come viene pianificato e da chi?*

  L'alunno disabile sta sempre in classe, a meno che determinate attività previste della programmazione individualizzata non richiedano la sua uscita dall'aula. Ad esempio, può capitare di portare un alunno disabile nell'aula d'informatica per utilizzare un software sull'euro, nell'abito di un progetto sull'utilizzo del denaro; oppure in giro per il paese, per studiare i segnali stradali.
- *Quali altri spazi hanno a disposizione gli alunni? Per svolgere quali attività?*

  Esistono l'aula d'informatica, per le attività che richiedono l'uso del computer; e poi la sala proiezione, la palestra, il cortile (per disegnare all'aperto, con il docente di educazione artistica; o per osservare da vicino elementi come le foglie, oggetto di studio delle scienze naturali).
- *Quanto costa l'integrazione?*

  Questa scuola vanta da sempre una cultura dell'integrazione fortemente radicata. Ciò comporta la necessità di investire in questo campo. L'alunno disabile riceve un'attenzione particolare, viene addirittura messo in condizione di partecipare ai viaggi d'istruzione, indipendentemente dal tipo di handicap da cui è affetto, dalla meta o dalla durata della gita. Di certo questa politica sull'integrazione porta i suoi frutti se, in passato, certe famiglie hanno addirittura cambiato residenza per poter iscrivere qui i propri figli disabili.

  <u>La docente accogliente</u>
- *Con quali criteri si dispongono i posti all'interno dell'aula e come si decide la posizione spaziale dell'alunno disabile?*

  Di solito il posto si decide considerando quelle che sono le effettive esigenze dell'alunno, dunque da un lato l'importanza di non farlo rimanere isolato e di integrarlo nel gruppo classe, dall'altro permettergli di seguire facilmente e con maggiore attenzione le lezioni. A mio avviso sarebbe opportuno farlo sedere tra le prime file, vicino ad un compagno che agisca come tutor a rotazione con gli altri alunni della classe.
- *Con quali criteri e modalità si assegnano i posti e i ruoli degli alunni?*

  Non esiste un criterio valido in ogni situazione. Andrebbero tuttavia considerati gli aspetti della socializzazione e della relazione, magari somministrando alla classe un test sociometrico finalizzato a mettere in luce le relazioni di natura affettiva esistenti tra gli alunni.

- *Qual è il ruolo dell'insegnante di sostegno? Quando e con quali modalità pianifica le attività con i docenti delle discipline?*

  L'insegnante di sostegno è assegnato a tutta la classe, e in quanto tale costituisce una risorsa in più alla quale ciascun alunno può fare riferimento. Il suo ruolo è quello di fornire una semplificazione facilitante delle attività, dunque la collaborazione con gli insegnanti curricolari deve essere costante, della stesura della programmazione di classe fino alla sua concreta attuazione.
- *L'insegnante di sostegno è una risorsa per il gruppo classe? Perché?*

  A questo ho già sostanzialmente risposto nella precedente domanda.
- *Con quale frequenza e modalità si svolgono i lavori di tipo cooperativo?*

  Nella mia classe i lavori di tipo cooperativo si svolgono generalmente nell'ambito delle attività progettuali, e comunque la scelta di avvalersene nella pratica quotidiana varia molto nelle singole discipline, a discrezione dell'insegnante. Sicuramente sono molto pi utili per i ragazzi in situazione di handicap, poiché favoriscono lo sviluppo dell'autostima e della socializzazione.
- *Esiste l'aula di sostegno?Se si, come e da chi viene utilizzata?*

  In questa scuola non esiste, per espresso divieto da parte del Dirigente Scolastico.
- *Qual è il tempo degli alunni disabili in classe? Come viene pianificato e da chi?*

  Gli alunni disabili sono sempre in classe, a meno che non si presenti la necessità di uscire per particolari attività didattiche.
- *Quali altri spazzi hanno a disposizione gli alunni? Per svolgere quali attività?*

  Hanno a disposizione, la palestra, il cortile e l'aula di informatica, a seconda delle attività loro proposte.
- *Quanto costa l'integrazione?*

  L'integrazione richiede sicuramente molti investimenti da parte della scuola. Oltre a quelli di tipo materiale, ad esempio gli ausili messi a disposizione degli alunni con deficit sensoriali, è necessario l'impiego di energie a livello affettivo e professionale da parte di tutto il personale della scuola, in modo tale da costruire una rete di aiuti permanenti.

<u>La funzione strumentale d'area</u>

- *Con quali criteri si dispongono i posti all'interno dell'aula e come si decide la posizione spaziale dell'alunno disabile?*

  La disposizione che a mio avviso più favorisce l'integrazione, è quella a semicerchio, ma le aule spesso sono troppo piccole. Generalmente si dovrebbe far sedere l'alunno disabile in prima fila, per consentirgli di seguire meglio le lezioni, insieme ad un compagno che svolga la funzione di *tutor,* magari non sempre lo stesso.

- *Con quali criteri si dispongono i posti e i ruoli degli alunni?*
  Una buona idea sarebbe utilizzare come criterio l'esito di un apposito test sociometrico di natura affettiva. Ad ogni modo si tende sempre, anche nel corso dell'anno, ad avvalersi della conoscenza diretta e dell'osservazione della classe.
- *Qual è il ruolo dell'insegnante di sostegno? Quando e con quali modalità pianifica le attività con i docenti delle discipline?*
  Dal momento che l'insegnante di sostegno è contitolare di cattedra, egli deve essere di sostegno alla classe e pianificare le attività insieme ai colleghi nel momento in cui si procede alla stesura della programmazione didattica, seguendo le medesime modalità. Ad esempio, in sede di scrutinio, la sede di scrutinio, l'insegnante di sostegno si esprime su tutti gli alunni, e non soltanto su quello disabile. L'insegnante di sostegno, inoltre, collabora effettivamente con i colleghi mettendo a disposizione metodologie diverse e non valide solamente per l'handicap.
- *L'insegnante di sostegno è una risorsa per il gruppo classe? Perché?*
  Sicuramente si, poiché consente di suddividere la classe nei gruppi meno numerosi, all'interno dei quali i ragazzi sono più seguiti. Si potrebbe anche dire che suo precipuo compito è anche quello di far vedere al resto della classe l'alunno disabile stesso come risorsa.
- *Con quale frequenza e modalità si svolgono i lavori di tipo cooperativo?*
  Io faccio svolgere lavori di gruppo quasi settimanalmente nelle classi prime. Altri docenti non si avvalgono di questa metodologia. Sono sicuramente molto utili in presenza dell'handicap, in quanto offrono maggiori possibilità di successo, ciò che accresce l'autostima, ed importanti opportunità di apprendimento dal gruppo dei pari.
- *Esiste l'aula di sostegno? Se si, come e da chi viene utilizzata?*
  In questa scuola non c'è nessuna aula di sostegno.
- *Qual è il tempo degli alunni disabili in classe? Come viene pianificato e da chi?*
  Gli alunni disabili stanno sempre in classe, secondo la precisa volontà del dirigente scolastico. Questo a meno che non si presenti il bisogno di uscirne, al fine di svolgere determinate attività all'aperto (come l'educazione stradale), o in altri spazi appositamente predisposti.
- *Quali altri spazi hanno a disposizione gli alunni? Per svolgere quali attività?*

Gli alunni hanno a disposizione, per svolgere attività opportunamente programmate, l'aula d'informatica, la palestra, l'atrio, il cortile… ed anche la succursale.

- *Quanto costa l'integrazione?*
  Di certo l'integrazione richiede un investimento da parte della scuola, non solo a livello materiale, con tutta una serie di ausili messi a disposizione degli alunni con deficit sensoriali, ma anche a livello, per così dire, emotivo: basti pensare ad attività studiate apposta per favorire l'integrazione e l'accettazione del diverso, come il brainstorming su ciò che si sa fare e ciò che non si sa fare, nell'affrontare il quale ciascun alunno è chiamato ad ammettere le proprie "disabilità"…

La funzione aggiuntiva per l'assistenza all'autonomia

- *Con quali criteri si dispongono i posti all'interno dell'aula e come si decide la posizione spaziale dell'alunno disabile?*
  Si considerano in via preliminare eventuali esigenze particolari dello studente disabile. In linea massima, viene comunque considerato al pari dei suoi compagni, perciò siede in mezzo a loro.
- *Con quali criteri si dispongono i posti e i ruoli degli alunni?*
  Non esiste una regola valida in ogni circostanza. Alcuni docenti sono soliti cambiare periodicamente la disposizione dei posti, per favorire l'aspetto relazionale.
- *Qual è il ruolo dell'insegnante di sostegno? Quando e con quali modalità pianifica le attività con i docenti delle discipline?*
  L'insegnante di sostegno è un insegnante curricolare a tutti gli effetti. La sua attività di pianificazione segue gli stessi tempi e le stesse modalità rispetto a quelle dei colleghi.
- *L'insegnante di sostegno è una risorsa per il gruppo classe? Perché?*
  Si, certo; lo è tanto più nella misura in cui, grazie al suo tipo di formazione, dispone di strumenti in più, rispetto ai docenti non specializzati, per la facilitazione degli apprendimenti, che vanno a vantaggio di tutta la classe, e non soltanto dell'alunno in situazione di handicap o di disagio.
- *Con quale frequenza e modalità si svolgono i lavori di tipo cooperativo?*
  Dipende dagli insegnanti. Ad ogni modo ormai sono in molti ad usare questa metodologia di lavoro con una certa regolarità, specialmente nelle classi prime.
- *Esiste l'aula di sostegno? Se si, come e da chi viene utilizzata?*
  In questa scuola non esiste, perché si pensa che il disabile debba stare in classe.

Qual è il tempo degli alunni disabili in classe? Come viene pianificato e da chi?
Questi alunni lavorano praticamente sempre in classe.

- *Quali altri spazi hanno a disposizione gli alunni? Per svolgere quali attività?*
  Ci sono l'aula d'informatica, il cortile, la palestra... spazi che consentono di svolgere le più svariate attività.
- *Quanto costa l'integrazione?*
  E' una domanda provocatoria? L'integrazione può costare tanto o niente. Costa di meno quando esiste una vera cultura dell'integrazione, unita ad un atteggiamento flessibile da parte di tutti i docenti e di tutto il personale scolastico.

1° Unità di apprendimento:

ACCOGLIENZA

CAMPI DI ESERIENZA: Il sé e l'altro – Esplorare, conoscere e progettare.

TRAGUARDO PER LO SVILUPPO DELLA COMPETENZA:

- Sviluppare il senso dell'identità personale, la consapevolezza delle proprie esigenze e dei propri sentimenti;
- Seguire regole di comportamento.

OBIETTIVI DI APPRENDIMENTO:
<u>3 anni</u>

- Il bambino stabilisce un rapporto sereno con l'ambiente con l'ambiente e l'insegnante.

<u>4 anni</u>

- Il bambino sa orientarsi nello spazio-scuola.

<u>5 anni</u>

- Aiutare il bambino a favorire il raggiungimento dell'autonomia nella routine;

ATTIVITÀ:

- Sono della sezione…;
- Ci siamo tutti?;
- Coppie;
- Alla scoperta della scuola;
- Giochi di conoscenza;
- Prime regole: "Il codice d'onore dei pirati"
- Filastrocche (Un saluto da pirata Barbanera, Giorni della settimana)
- Momenti di routine (sequenze)
- Momenti di preghiera (Martedì insieme);
- Festa dell'accoglienza MARTEDÌ 13 OTTOBRE
- **sorpresa** = bandana e partenza verso "l'isola delle sorprese"
- **simbolo** = dono della bandana
- uscita al fiume Bacchiglione e arrivo del forziere con all'interno la mappa.
- Festa dei nonni. Canzone: "viva i nonni"

METODOLOGIA:

- Dalla conversazione per accogliere le conoscenze dei bambini; a giochi di gruppo per favorire la conoscenza e la socializzazione; alle attività grafico-pittoriche per poi astrarre e per dare forma ed espressione alle esperienze vissute.

SOLUZIONI ORGANIZZATIVE:

- ETÀ: 3, 4, 5 anni;
- SPAZI: Ambienti scolastici, territorio, chiesa, altri ed eventuali luoghi d'incontro
- TEMPI: Metà Settembre – Metà Ottobre
- MATERIALI: Video, libri, cd musicali, dvd, materiali strutturati e non…

MODALITÀ DI VERIFICA – mi aspetto che:

<u>3 anni</u>

- I bambini salutino in modo sereno i genitori;
- I bambini conoscano le regole della scuola;

<u>4 anni</u>

- I bambini conoscano le regole della scuola;
- I bambini raccontino alcune esperienze;
- I bambini sappiano orientarsi nello spazio-scuola;

<u>5 anni</u>

- I bambini conoscano le regole della scuola;
- I bambini raccontino alcune esperienze;
- I bambini sappiano orientarsi nello spazio-scuola;
- I bambini raggiungano l'autonomia nelle azioni di routine.

2° Unità di apprendimento:

AUTUNNO

CAMPI DI ESPERIENZA: La conoscenza del mondo naturale – Il sé e l'altro.

TRAGUARDO PER LO SVILUPPO DELLA COMPETENZA:

- Cogliere le trasformazioni naturali;
- Esprimersi attraverso il gioco, il disegno e altre attività manipolative;
- Conoscere le diverse parti del corpo su di sè, sugli altri e su un'immagine;
- Sviluppare un repertorio linguistico adeguato alle esperienze.

OBIETTIVI DI APPRENDIMENTO:
<u>3 anni</u>

- Il bambino rileva elementi della stagione autunnale ed alcune delle sue caratteristiche;
- Il bambino riconosce alcune caratteristiche di chi vive nel galeone;
- Il bambino indica i più importanti elementi corporei necessari per ricostruire la figura umana.

<u>4 anni</u>

- Il bambino rileva elementi della stagione autunnale e descrive verbalmente ciò che vede;
- Il bambino riconosce alcune caratteristiche di chi vive nel galeone;
- Il bambino denomina e rappresenta le parti mancanti in una figura umana;

<u>5 anni</u>

- Il bambino rileva elementi della stagione autunnale e opera operazioni di raggruppamento secondo uno o più criteri dati;
- Il bambino ordina gli elementi secondo un criterio dato;
- Il bambino sperimenta la creatività utilizzando elementi e materiali naturali;
- Il bambino riconosce, descrive e denomina i componenti del galeone utilizzando un lessico appropriato.

ATTIVITÀ:

<u>Piccoli</u>

- Storia: "L'albero che non conosceva l'autunno";
- Giochi e attività alla scoperta dei colori fondamentali;
- Arrivo del diario di bordo (interviste, disegni, racconti, canzoni);
- Giochi mimici, filastrocche, immagini da ricomporre per conoscere ed individuare le parti della figura umana;
- Caccia al tesoro.

Medi

- Storia: "L'albero che non conosceva l'autunno";
- Autunno: caratteristiche e colori;
- Giochiamo con il corpo: giochi motori, di travestimento-trucco, di ruolo;
- Libretto con i componenti del galeone dove vengono rilevati i ruoli e le loro diverse caratteristiche;
- Caccia al tesoro.

Grandi

- Storia: "L'albero che non conosceva l'autunno";
- Autunno: caratteristiche e colori secondari;
- Giochi motori per affinare la conoscenza dello schema corporeo;
- Libretto con i componenti del galeone dove vengono rilevati e denominati i ruoli e le loro diverse caratteristiche;
- Similitudine tra ambiente scuola-galeone;
- Caccia al tesoro.

METODOLOGIA:

- I bambini partendo dalla interpretazione dei simboli, effettuano previsioni, ipotesi passando poi alla sperimentazione e successivamente alla simbolizzazione del vissuto attraverso attività manipolative e grafico-pittoriche.

SOLUZIONI ORGANIZZATIVE:

- ETÀ: 3, 4, 5 anni;
- SPAZI: Ambienti scolastici, territorio, chiesa, altri ed eventuali luoghi d'incontro
- TEMPI: Metà Ottobre – Novembre
- MATERIALI: Video, libri, cd musicali, dvd, materiali strutturati e non…

VERIFICA -mi aspetto che:

3 anni

- I bambini denominino e riconoscano i componenti del galeone;
- I bambini accettino di indossare alcuni elementi caratteristici dei pirati come la bandana.

4 anni

- I bambini denominino e riconoscano i componenti del galeone;
- I bambini accettino di indossare alcuni elementi caratteristici dei pirati come la bandana;
- I bambini accettino di manipolare ed utilizzare materiali e tecniche diverse.

5 anni

- I bambini denominino e riconoscano i componenti del galeone;
- I bambini accettino di indossare alcuni elementi caratteristici dei pirati come la bandana;
- I bambini accettino di manipolare ed utilizzare materiali e tecniche diverse.

3° Unità di apprendimento:

CICLICITA'- SPAZIO TEMPORALE E TOPOLOGICI

CAMPI DI ESPERIENZA: esplorare, conoscere e progettare – Il sé e l'altro – La conoscenza del mondo.

TRAGUARDO PER LO SVILUPPO DELLA COMPETENZA:

- Essere curiosi esplorativi, porre domande, discutere, confrontare ipotesi.

OBIETTIVI DI APPRENDIMENTO:
3 anni

- Il bambino compie osservazioni sull'alternanza tra giorno e notte.

4 anni

- Il bambino compie osservazioni sull'alternanza tra giorno – notte e racconta ciò che vede.

5 anni

- Il bambino descrive e rappresenta la successione degli eventi della giornata.

ATTIVITÀ:
Piccoli

- giorno e notte come presenza di luce-buio nei racconti di esperienze, osservazioni di quanto accade, rilevazione dei cambiamenti ambientali;
- sequenza della giornata PRIMA E DOPO (le cose che si fanno di giorno e le cose che si fanno di notte);
- concetti topologici (alto-basso, sopra-sotto, dentro-fuori).

Medi

- giorno e notte (stelle);
- sequenza della giornata (TRE SEQUENZE – Giornata Personale);
- concetti topologici (sopra-sotto, alto-basso, vicino-lontano, davanti-dietro, dentro-fuori).

Grandi

- giorno e notte;
- sequenza della giornata (QUATTRO SEQUENZE – Giornata Personale);
- concetti topologici (aperto-chiuso, alto-basso, vicino-lontano, davanti-dietro, dentro-fuori, al centro-ai lati, in alto-in basso).

METODOLOGIA:

- Dall'osservazione e dallo sperimentare l'ambiente naturale (il cielo) alla conversazione e alla raccolta delle osservazioni dei bambini; con utilizzo di giochi di gruppo, mimi, danze e filastrocche per scoprire gli elementi considerati. Attraverso le azioni della giornata, i bambini consolideranno la conoscenza dei concetti topologici. Rappresentazione delle esperienze vissute attraverso attività grafico-pittoriche.

SOLUZIONI ORGANIZZATIVE:

- ETÀ: 3, 4, 5 anni.
- SPAZI: Ambienti scolastici, territorio, chiesa, altri ed eventuali luoghi d'incontro.
- TEMPI: Metà Novembre – Dicembre
- MATERIALI: Video, libri, cd musicali, dvd, materiali strutturati e non…

MODALITÀ DI VERIFICA – mi aspetto che:

<u>3 anni</u>

- I bambini raccontino alcune esperienze;
- I bambini abbiano una maggiore consapevolezza del proprio corpo e lo sappiano rappresentare: omino "testone";
- I bambini intuiscano la successione di un evento e associno le cause agli effetti;
- I bambini amplino il loro vocabolario.

<u>4 anni</u>

- I bambini raccontino alcune esperienze;
- I bambini abbiano una maggiore consapevolezza del proprio corpo e lo sappiano rappresentare: arti collocati nel corpo;
- I bambini intuiscano la successione di un evento e associno le cause agli effetti;
- I bambini amplino il loro vocabolario;
- I bambini sappiano esporre delle ipotesi;
- I bambini riconoscano alcune feste.

5 anni

- I bambini raccontino alcune esperienze;
- I bambini intuiscano la successione di un evento e associno le cause agli effetti;
- I bambini amplino il loro vocabolario;
- I bambini sappiano esporre delle ipotesi;
- I bambini riconoscano alcune feste;
- I bambini abbiano una maggiore consapevolezza del proprio corpo e lo sappiano rappresentare: la figura in modo completo e da diversi punti di vista (movimento).
-
-
-
-
-
-
-

4° Unità di apprendimento:

CARNEVALE

CAMPI DI ESPERIENZA: –Linguaggi, creatività, espressione – I discorsi e le parole – Il sé e l'altro.

TRAGUARDO PER LO SVILUPPO DELLA COMPETENZA:

- Esplorare i materiali che ha a disposizione e utilizzarli con creatività.
- Inventare storie ed esprimersi attraverso diverse forme di rappresentazione e drammatizzazione.

OBIETTIVI DI APPRENDIMENTO:

<u>3 anni</u>

- Il bambino accetta di partecipare ai giochi di trasformazione;
- Il bambino dà un nome al personaggio che interpreta;
- Il bambino riconosce e denomina le forme geometriche (rotondo – quadrato);
- Il bambino sa riconoscere forme chiuse da forme aperte.

<u>4 anni</u>

- Il bambino usa il proprio corpo come mezzo di comunicazione;
- Il bambino drammatizza e verbalizza semplici situazioni;
- Il bambino riconosce e denomina le forme geometriche.

<u>5 anni</u>

- Il bambino improvvisa ruoli e situazioni utilizzando il proprio corpo;
- Il bambino interviene creativamente su un oggetto per trasformalo;
- Il bambino riconosce e denomina le forme geometriche.

ATTIVITÀ

<u>Piccoli</u>

- inverno: caratteristiche e colori;
- carnevale: mi trasformo e trasformo;
- creo con le forme geometriche;
- veglia e cammino quaresimale.

<u>Medi</u>

- inverno: caratteristiche e colori;
- carnevale: mi trasformo e trasformo;
- creo con le forme geometriche;
- veglia e cammino quaresimale.

Grandi

- inverno: caratteristiche e colori;
- carnevale: mi trasformo e trasformo;
- creo con le forme geometriche;
- veglia e cammino quaresimale.

METODOLOGIA:

- Dalla osservazione e dallo sperimentare l'ambiente naturale (inverno) alla conversazione e alla raccolta delle osservazioni dei bambini; con utilizzo di giochi di gruppo, mimi, danze e filastrocche per scoprire il carnevale e le forme geometriche. Rappresentazione delle esperienze vissute attraverso attività grafico – pittoriche e verbali.

SOLUZIONI ORGANIZZATIVE:

- ETÀ: 3, 4, 5 anni;
- SPAZI: Ambienti scolastici, territorio, chiesa, altri ed eventuali luoghi d'incontro;
- TEMPI: gennaio – metà aprile
- MATERIALI: Video, libri, cd musicali, dvd, materiali strutturati e non…

VERIFICA -mi aspetto che:

3 anni

- I bambini conoscano e denominino le figure geometriche;
- I bambini accettino di trasformarsi attraverso il gioco simbolico;
- I bambini sappiano riordinare una sequenza e raccontare ciò che vedono raffigurato;
- I bambini sappiano utilizzare la loro creatività per produrre oggetti.

4 anni

- I bambini conoscano e denominino le figure geometriche;
- I bambini accettino di trasformarsi attraverso il gioco simbolico;
- I bambini sappiano riordinare una sequenza e raccontare ciò che vedono raffigurato;
- I bambini sappiano utilizzare la loro creatività per produrre oggetti.

5 anni

- I bambini conoscano e denominino le figure geometriche;
- I bambini accettino di trasformarsi attraverso il gioco simbolico;
- I bambini sappiano riordinare una sequenza e raccontare ciò che vedono raffigurato;
- I bambini sappiano utilizzare la loro creatività per produrre oggetti.

5° Unità di apprendimento:

PRIMAVERA

CAMPI DI ESPERIENZA: –Linguaggi, creatività, espressione – I discorsi e le parole – La conoscenza del mondo – Il sé e l'altro.

TRAGUARDO PER LO SVILUPPO DELLA COMPETENZA:

- Saper raggruppare e ordinare secondo criteri diversi, confrontare e valutare quantità; utilizzare semplici simboli per registrare; compiere misurazioni mediante semplici strumenti.

OBIETTIVI DI APPRENDIMENTO:

3 anni

- Il bambino conosce alcune caratteristiche stagionali;
- Il bambino raggruppa secondo un criterio dato;
- Il bambino confronta quantità.

4 anni

- Il bambino conosce alcune caratteristiche stagionali;
- Il bambino raggruppa e ordina secondo un criterio dato;
- Il bambino confronta quantità;
- Il bambino si avvicinai con curiosità al mondo dei numeri fino al 5.

5 anni

- Il bambino conosce alcune caratteristiche stagionali;
- Il bambino raggruppa e ordina secondo un criterio dato;
- Il bambino confronta e valuta quantità;
- Il bambino rappresenta graficamente percorsi;
- Il bambino si avvicina con curiosità al mondo dei numeri fino al 9.

ATTIVITÀ

Piccoli

- primavera: caratteristiche e colori;
- le quantità pochi e molti;
- Uscita didattica nel territorio;
- Festa della Mamma;
- Gita.

Medi

- primavera: caratteristiche e colori;
- filastrocca dei numeri e giochi con le quantità (uno-pochi-molti);
- Uscita didattica nel territorio;

- Festa della Mamma;
- Gita.

Grandi

- primavera: caratteristiche e colori;
- filastrocca dei numeri e giochi con le quantità;
- mappa del nostro percorso fatto;
- Uscita didattica nel territorio;
- gita;
- Festa della Mamma;
- Ed stradale: patentino;
- Continuità Educativa con la scuola Primaria.

METODOLOGIA:

- Dall'evento culturale e ludico della gita alla proposta di giochi di esplorazione della dimensione grafica (pre-scrittura) uniti a giochi creativi con materiale di recupero, ad attività grafico-pittoriche per arrivare alla simbolizzazione.

SOLUZIONI ORGANIZZATIVE:

- ETÀ: 3, 4, 5 anni;
- SPAZI: Ambienti scolastici, territorio, chiesa, altri ed eventuali luoghi d'incontro;
- TEMPI: metà aprile – maggio
- MATERIALI: Video, libri, cd musicali, dvd, materiali strutturati e non…

VERIFICA -mi aspetto che:

3 anni

- I bambini sappiano svolgere attività logiche e matematiche;
- I bambini sappiano riordinare una sequenza e raccontare ciò che vedono raffigurato.

4 anni

- I bambini sappiano svolgere attività logiche e matematiche;
- I bambini sappiano riordinare una sequenza e raccontare ciò che vedono raffigurato;
- I bambini sappiano giocare con le parole.

5 anni

- I bambini sappiano svolgere attività logiche e matematiche;
- I bambini sappiano riordinare una sequenza e raccontare ciò che vedono raffigurato;
- I bambini sappiano giocare con le parole.

Verifiche unita' di apprendimento

VALUTAZIONE DI COMPETENZA

DELL'ALUNNO..ETA' .... SEZ. .....

DATA..

U.D.A. N.5 ....(va inserito il titolo dell'uda)...................

	SI	NO	IN PARTE
Ha seguito con costante partecipazione e interesse			
E'riuscito ad interagire individualmente e in gruppo			
Ha manifestato entusiasmo e curiosità per gli argomenti collegati alla stagione invernale			
Si è espresso attraverso attività grafico-pittoriche e manipolative			
Sa cogliere variazioni naturali legati alla stagione			
Ha arricchito il lessico con parole nuove inerenti all' U.D.A.			
Riesce a giocare con le parole			
Riesce a rielaborare un piccolo testo			
Ha memorizzato poesie e canti			
Riesce a rielaborare un piccolo testo			
Ha potenziato lo sviluppo della coordinazione oculo-manuale			
Conosce i concetti di dimensione: grande – piccolo – medio/ lungo – corto / alto – basso			
Ha sviluppato maggiore sicurezza e fiducia nelle			

proprie capacità			
Riesce a portare a termine le consegne			
Ha potenziato l'acquisizione di un metodo di lavoro			
Dimostra spirito di osservazione			
E' capace di formulare ipotesi e dimostra spirito critico			
Conosce le caratteristiche della stagione invernale : gli alberi – il clima – gli indumenti invernali – la frutta – i mezzi di riscaldamento			
Dimostra creatività e fantasia nella realizzazione di lavori e nei giochi			
Ha potenziato lo sviluppo senso percettivo			
Ha raggiunto tutti i traguardi di sviluppo previsti per questa U.D.A.			
Ha potenziato la capacità di ascolto e la coordinazione dinamica generale			
Ha potenziato l'acquisizione delle regole per una convivenza civile			

CONSIDERAZIONI

SI ALLEGANO GLI ELABORATI

Fax-simili-

u.d.a. nome…………..(nel caso l'uda sia l'inverno)

O.F.G. :

- imparare a riflettere sull'esperienza attraverso l'esplorazione, l'osservazione e l'esercizio al confronto;
- Favorire la conoscenza degli aspetti peculiari della stagione invernale e valorizzarne le bellezze.

O.F.S. :

- Educare al rispetto dell'ambiente e delle cose;
- Educare i bambini alla condivisione delle cose;
- Potenziare l'acquisizione di regole per una convivenza civile;
- Potenziare lo sviluppo dell'identità e dell'autonomia.

CAMPI DI ESPERIENZA :

IL SE' E L'ALTRO – LINGUAGGI, CREATIVITA' , ESPRESSIONE – LA CONOSCENZA DEL MONDO – I DISCORSI E LE PAROLE – IL CORPO E IL MOVIMENTO.

O.G.A. :

- Potenziare la coordinazione dinamica generale e oculo – manuale;
- Potenziare la conoscenza dei concetti di dimensione;
- Conoscere le caratteristiche della stagione invernale : gli alberi, la neve, gli indumenti invernali, i mezzi di riscaldamento, la frutta;
- Arricchire il lessico;
- Potenziare lo sviluppo della creatività e della fantasia;
- Sviluppare la capacità di formulare ipotesi e previsioni;
- Potenziare lo sviluppo senso – percettivo;
- Potenziare lo sviluppo della capacità di ascolto.

O.S.A. :

- Collaborare con i compagni in maniera positiva e rafforzare lo spirito di gruppo;
- Esplorare, vivere e percorrere lo spazio esterno alla scuola;
- Esercitare le potenzialità sensoriali e riconoscere: caldo – freddo / dolce – amaro / liscio – ruvido / morbido – duro;
- Analizzare i materiali a disposizione ed utilizzarli con creatività;
- Rappresentare con diverse tecniche gli aspetti della stagione invernale;
- Memorizzare canti e poesie,
- Potenziare la capacità di ascoltare storie e cominciare a rielaborarle;
- Capacità di giocare con le parole: accrescitivi e diminuitivi – singolare e plurale;
- Avviarsi verso la strutturazione delle prime frasi;
- Conoscere i concetti di dimensione : grande – piccolo – medio / lungo – corto/ alto – basso;
- Capacità di seriare da 1 a 3 elementi;
- Conoscere le caratteristiche del clima in inverno: freddo – neve – pioggia – vento;
- Cominciare a formulare ipotesi su alcuni esperimenti scientifici: dall'acqua al ghiaccio e viceversa;
- Potenziare l'acquisizione di un metodo di lavoro attraverso un uso attento del materiale messo a disposizione.

INDICATORI DI COMPETENZA:

- (NOME DELL'uda) (Dicembre – Gennaio – Febbraio);
- Racconto: ....;
- Gli indumenti ....
- I mezzi di riscaldamento;
- La frutta invernale: gli agrumi. (Nel caso l'uda sia l'inverno)

DESCRITTORI DI COMPETENZA:

presentazione del signore inverno e dei suoi amici; conversazioni cliniche; pannello murale con tutti gli elementi della stagione invernale realizzati con tecniche diverse; cartellone dei mezzi di riscaldamento, degli indumenti invernali,della frutta invernale; realizzazione del plastico della stagione invernale; realizzazione del paesaggio invernale su cartoncino nero; memorizzazione di canti : cade la neve – il freddo inverno; memorizzazione della poesia : Inverno;giochi per lo sviluppo senso – percettivo; giochi per potenziare la capacità di esprimersi con il corpo; uso del libro; rappresentazioni grafico – pittoriche – plastiche libere; coloritura di disegni muti; uso di schede strutturate; realizzazione di lavori individuali con tecniche diverse; giochi di imitazione di finzione; osservazione di fenomeni climatici e formulazione di ipotesi; esperimenti con il ghiaccio e l'acqua, rielaborazione di racconti; storie inventate

TEMPI

Mese ....

Spazi

Saranno utilizzati gli spazi interni ed esterni alla scuola.

METODOLOGIA

Per la realizzazione di questo progetto. , molto utile sarà il supporto di supporti attivi, iconici , analogici e digitali, con l'uso anche di sistemi applicativi vari. Ampio spazio sarà dato, come sempre, al fare dell'alunno, per sviluppare la creatività e la fantasia e la conoscenza; importante sarà anche l'uso di domande stimolo e delle conversazioni metodologiche per abituarli a riflettere e a ricercare da soli le risposte sul p.c., aiutati da un'attenta mediazione culturale e didattica dell' esperto. Ovviamente, vi sarà anche un'aspetto ludico accompagnerà tutte le attività di quest'esperienza.

STRUMENTI E RISORSE

Facile consumo – materiale di recupero – libri – giornali – lettore CD e CD.

VALUTAZIONE DI COMPETENZA

La verifica del raggiungimento degli obiettivi individuati, sarà effettuata attraverso: osservazioni occasionali e sistematiche – le conversazioni – le schede operative – i giochi - le attività svolte dai bambini e documentate con la griglia di verifica inserita nei raccoglitori personali.

TRAGUARDI DI SVILUPPO (risultati attesi)

Al termine di questa esperienza, i bambini dovranno conoscere:

- Gli aspetti della stagione invernale;
- I concetti di dimensione;
- Essere capaci di giocare con le parole;
- Cominciare a strutturare piccole frasi;
- Aver rafforzato lo spirito di gruppo;
- Aver migliorato il proprio metodo di lavoro;
- Essere capaci di rielaborare un piccolo testo;
- Avere memorizzato canti e poesie;
- Avere rafforzatola fiducia nelle proprie capacità cognitive e comunicative;
- Essere diventati osservatori più attenti.

RISULTATI RAGGIUNTI

Gli obiettivi individuati per questa U.D.A. non sono stati raggiunti da tutti i bambini. Infatti ci sono alcuni che:

- Non riescono ancora a rielaborare un piccolo testo;
- Non sono attenti ed interessati alle attività proposte;
- Non hanno ancora acquisito un metodo di lavoro;
- Non dimostrano capacità di osservazione,
- Non dimostrano intuito, capacità creative e fantasia;
- Si rifiutano di partecipare a giochi collettivi;
- Dimostrano ancora insicurezze e poca fiducia nelle proprie capacità.

UNITA' DI APPRENDIMENTO : GIOCHIAMO CON I COLORI

DESTINATARI: Bambini di 3/4 anni

INSEGNANTI IMPEGNATE NELL'U.A.:......................................

ANNO SCOLASTICO:..

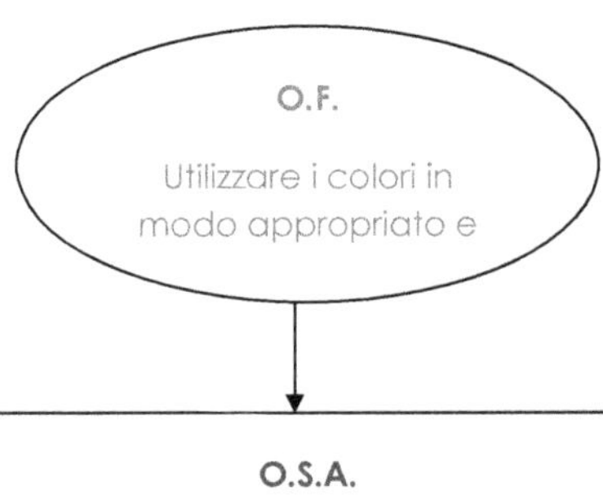

O.S.A.

FRUIZIONE E PRODUZIONE DI MESSAGGI

- Scoprire, nominare, usare i colori
- Abbinare immagini ai colori corrispondenti
- Individuare immagini con qualità cromatiche errate
- Utilizzare varie tecniche espressive:
  le impronte, il collage, il frottage, la stampa, gli stencils.
- Utilizzare materiali, strumenti e tecniche per la realizzazione di un prodotto grafico - pittorico.

O.S.A.

CORPO,MOVIMENTO E SALUTE

- Percepire e nominare i colori fondamentali: rosso, giallo, blu.
- Percepire e nominare

O.S.A.

ESPLORARE,CONOSCERE E PROGETTARE

- Scoprire i colori della natura.
- Descrivere i cambiamenti del tempo attraverso i colori
- Compiere raggruppamenti in base al colore.

CORPO, MOVIMENTO, SALUTE

<u>Piano dell' itinerario</u>:

1^ tappa **ACCOGLIENZA**

Unità di Apprendimento:"Ci conosciamo giocando".

Obiettivi formativi:

1. Dalla paura alla curiosità attraverso un rituale giocoso;
2. Riconoscere e soddisfare i bisogni attraverso l'accoglienza;
3. Riconoscere e valorizzare le risorse e le differenze individuali;
4. Trasformare lo spazio in contenitore di relazioni, emozioni ed esperienze;
5. Favorire lo sviluppo delle capacità di rielaborare l'esperienza vissuta attraverso la memoria fotografica.

O.S.A:

-Rafforzare l'identità personale.

-Descrivere e rappresentare caratteristiche personali.

-Riconoscere il gioco come momento educativo e socializzante.

<u>Attività:</u>

Giochi corporei. Attività di osservazione e di confronto.

2^ tappa **APPARTENENZA**

Unità di Apprendimento:"Un gioco tutto nostro".

Obiettivi formativi:

1. Incoraggiare il bambino ad esprimersi liberamente;
2. Condividere un progetto comune e contribuire alla sua realizzazione;
3. Sentirsi parte di un gruppo.
4. Riconoscere e rispettare il punto di vista dell'altro;

O.S.A:

-Favorire la socializzazione, la relazione e la comunicazione verbale e non.

-Muoversi spontaneamente e in modo guidato, da soli e in gruppo.

-Apprezzare la diversità in ogni aspetto .

Attività:

Riconoscimento di compagni attraverso il suono della voce.

Unità di Apprendimento:"Nuovi amici grandi e piccoli".

Obiettivi formativi:

1. Stabilire relazioni di fiducia;
2. Superare la difficoltà nel condividere persone e cose;
3. Sperimentare nuovi codici di comunicazione;
4. Esprimere all'altro le proprie emozioni e sentimenti.

O.S.A:

-Esprimere preferenze.

-Rafforzare gli atteggiamenti prosociali (fiducia, disponibilità, collaborazione, amicizia).

Attività:

Giochi e conversazioni finalizzate a una prima conoscenza.

4^ tappa **AFFETTIVITA'**

Unità di Apprendimento:"Storie e suoni da far paura".

Obiettivi formativi:

1. Riconoscere ed esprimere attraverso il corpo emozioni e sentimenti;
2. Superare la paura attraverso il gioco;
3. Condividere le esperienze con gli altri.

O.S.A:

-Riconoscere ,descrivere e condividere le emozioni.

-Controllare l'affettività e le emozioni in maniera adeguata all'età.

Attività:

Giocare con le emozioni.

5^ tappa **ESPLORAZIONE**

Unità di Apprendimento :" Il corpo e l'ambiente producono suoni ".

Obiettivi formativi :

1. Sperimentare la possibilità di produrre suoni attraverso il corpo ;

2. Esplorare l'ambiente circostante;

3. Trovare soluzioni sperimentando per tentativi ed errori ;

4. Sviluppare la capacità di progettare e costruire.

O.S.A:

-Ascoltare i suoni prodotti dal proprio corpo.

-Muoversi con precisione in relazione agli oggetti, agli spazi ed agli altri.

-Muoversi nello spazio scuola secondo ritmi stabiliti.

Attività:

Giochi corporei. Attività di orientamento, direzionalità, consequenzialità, successione, intervallo.

6^ tappa **AUTOSTIMA**

Unità di Apprendimento :"Dopo un anno di giochi...".

Obiettivi formativi :

1. Accrescere la stima di sé attraverso il movimento ;

2. Sviluppare le proprie potenzialità ;

3. Riconoscere le proprie capacità e i propri limiti.

O.S.A:

-Partecipare alle attività di gioco libero.

-Partecipare ai giochi organizzati: conoscere le regole e rispettarle.

Attività:

Giochi finalizzati a sviluppare le potenzialità di ogni alunno.

Cercare soluzioni ai problemi per tentativi ed errori.

ALUNNI SCUOLA DELL'INFANZIA DI ……….

PROFILI SUL PERCORSO SCOLASTICO DELL'ALUNNO

ALUNNI DI 3 ANNI:

DANIELA

Bambina allegra, serena che non ha mostrato nessuna difficoltà di inserimento nella scuola dell'Infanzia. E' matura e diligente, ed è capace di gestire le necessità personali, fisiche e igieniche, in maniera autonoma. Ha fiducia nelle proprie capacità, si confronta con gli altri e ne accetta le diversità. Sa utilizzare varie tecniche grafiche, pittoriche e manipolative, conosce i colori e li usa in modo appropriato e creativo. Ha buona motricità fine, ha poi acquisito sicurezza nelle attività motorie e usa un linguaggio chiaro e scurrile.

GIOVANNA

Bambina anticipataria vivace e intelligente che si è inserita senza difficoltà nell'ambiente scolastico, nonostante fosse il suo primo distacco dalla famiglia. Ha superato progressivamente la fase egocentrica e ha stabilito rapporti positivi con i coetanei, con le insegnanti. Partecipa con interesse a tutte le attività proposte. Sa rispettare le regole di convivenza: aspettare il proprio turno nelle attività di routine, mettere in ordine il proprio spazio, condividere i giochi con i compagni. Il suo linguaggio verbale è chiaro e preciso, memorizza e recita canti, filastrocche e poesie. Sa utilizzare varie tecniche grafiche, pittoresche e manipolative, usa i colori in modo creativo e sa determinare i colori primari. Sa percepire, denominare il proprio corpo, e lo sa gestire nello spazio. Sa eseguire andature diverse, seguire un percorso.

DIEGO

La frequenza costante alla scuola dell'Infanzia è stata significativa, il bambino si è inserito senza alcuna difficoltà nel contesto scolastico e mostra sicurezza nei rapporti con gli altri. E' sereno, allegro, si mostra sensibile alla gratificazione e all'incoraggiamento. Il suo livello di autonomia è buono, sa gestire le sue cose e la propria persona ed è indipendente nelle attività di vita pratica. Riconosce la parte del corpo su di sé e sugli altri, sa muoversi coordinatamente, utilizza un linguaggio appropriato per comunicare con gli altri, conosce i colori fondamentali, ma qualche difficoltà nelle attività grafico-pittoresche che porta a termine con lentezza.

PIETRO

Bambino sereno, socievole, che si è inserito senza nessun problema fin dall'inizio. L'interesse per l'attività di sezione è variabile, anche se il suo livello di attenzione è alto. Non sempre è in grado di gestire autonomamente le proprie necessità personali di tipo fisiologico e igienico. Preferisce comunicare usando il lessico verbale e corporeo. Ha acquisito parzialmente il concetto di corporeità, sa denominare le parti del corpo sugli altri e su di sé e riesce a ricostruire la sagoma completa. Possiede una buona espressione verbale anche se deve perfezionare la pronuncia.

BRUNO

Bambino calmo, sensibile ma insicuro, non ha superato serenamente il distacco dalla famiglia. Ha raggiunto un discreto livello di autonomia fisico nella gestione dell'identità, dimostra poca stima di sé e delle sue capacità. Partecipa ai giochi di gruppo solo se invitato e supportato dal fratello più grande di anni 5. Dimostra interesse per le attività proposte ma riesce a portarle a termine solo se incoraggiato. Non parla molto con l'insegnante e cerca di attirare l'attenzione con atteggiamenti più pericolosi. Si esprime in modo comprensibile con un linguaggio semplice e spesso indialetto. Conosce i colori e li sa usare in modo appropriato, soprattutto su superfici grandi.

ELISA

Bambina di 3 anni diversamente abile con difficoltà linguistiche, pronuncia poche parole (mamma, papà). E' una bambina che frequenta la scuola assiduamente, ha superato la fase del distacco con difficoltà, ma poi si è ben inserita nel gruppo sezione anche se le sue difficoltà comunicative comprometttino la socializzazione. Infatti la collaborazione e interazione con il gruppo sezione vanno costantemente guidate. Si lascia coinvolgere in giochi psicomotori e in attività ludiche (trenino, girotondo). Si muove con sicurezza nella sezione, raccoglie e ripone materiali. Nelle attività grafico-pittoresche, predilige l'utilizzo di colori a tempera con la tecnica della digitopittura e del collage. Nel grafismo è alla fase dello scarabocchio e traccia linee verticali, orizzonatli e da gennaio anche curve. In riferimento allo schema corporeo riconosce alcuni particolari.

BAMBINI DI 4 ANNI

ALEANDRO

Bambino che ha frequentato poco la scuola dell'Infanzia per problemi familiari. Calmo, sensibile ma insicuro, che ha raggiunto un discreto livello di autonomia fisica nella gestione della propria persona. Partecipa ai giochi di gruppo solo se viene invitato, ha poca stima di sé e delle sue capacità e non sempre porta a termine le attività che gli vengono proposte. I suoi elaborati grafici sono ancora confusionali, pur avendo superato la fase dello scarabocchio e non riesce a esprimersi nel disegno rappresentativo, conosce i colori fondamentali e alcuni derivati ma pur usandoli adeguatamente, non riesce a colorare nei margini. Predilige le attività ludiche.

EMILIA

La bambina ha frequentato con assiduità la scuola dell'Infanzia, è allegra, buona, rispettosa anche se un po' timida. Si è inserita bene nel gruppo e accetta sia la presenza dei coetanei che degli adulti. Ha raggiunto piena autonomia nel soddisfacimento di esigenze personali, conosce le principali parti del corpo, coordina semplici andature e gesti motori. Conosce i colori e li usa in modo appropriato e con creatività. Il suo linguaggio verbale è poco chiaro molto semplice e spesso intercalato da frasi dialettali, comunque è comprensibile sia da noi insegnanti che dai suoi compagni.

HASSAN

Bambino al secondo anno di frequenza, ha frequentato assiduamente la scuola. E' autonomo nella gestione dei propri bisogni e sa avere cura e gestire le proprie cose. Vivace, estroverso, intelligente e svelto si è ben inserito nel gruppo pur essendo un bambino extracomunitario e trascina i compagni in giochi organizzati. La sua intelligenza gli consente prontezza e rapidità nell'apprendere, intervine nelle conversazioni di gruppo ed è sempre il primo a rispondere alle domande-stimolo. Ha rafforzato la coscienza del sé corporeo, sa riconoscere e denominare a rappresentare graficamente la figura umana; possiede una buona coordinazione ocuolo-manuale, si esprime con frasi ricche e quasi sempre corrette, parla bene l'italiano, memorizza poesie o canti con facilità.

GIAMPASONVALE

Il bambino ha frequentato i due anni delle scuole dell'Infanzia assiduamente con entusiasmo. E' estroverso, vivace e pieno di fantasia, intuitivo. Si è inserito bene nell'ambiente scolastico, stabilendo, fin dai primi giorni ottimi rapporti con i compagni. Sa gestire autonomamente in tutte le situazioni. Partecipa a tutte le attività di sezione, con piacere, ed è entusiasta nelle attività di laboratorio. Percepisce e struttura lo schema corporeo, individua le parti mancanti di un volto disegnato e utilizza il corpo in situazioni espressive e comunicative. Sperimenta con curiosità tecniche diverse e usa i colori in modo creativo.

PASQUALE

Il bambino ha frequentato assiduamente e con profitto la scuola dell'Infanzia. E' estroverso, curioso, sociecole, è autonomo, attivo e impegnato nella vita della scuola. In questi due anni ha dimostrato di aver raggiutno buoni risultati in ordine all'identità sotto il profilo, corporeo, intellettuale e psicodinamico. Verso l'apprendimento si dimostra interessato ai compiti che richiedono un impegno attivo, usa i colori in maniera appropriata e sa verbalizzare il prodotto iconico in maniera chiara e precisa.

BAMBINI DI 5 ANNI

FRANCESCO

Ha frequentato la scuola dell'Infanzia in modo saltuario. E' un bambino estroverso e vivace, ha interiorizzato regole di comportamento, riconosce e rispetta le diversità dei bambini in difficoltà con modi dolci e giochi fatti di carezze e parole anche perché ha una sorellina piccola che adora e riempie di attenzioni. Usa molto il corpo come espressione nei giochi e nelle attività varie; conosce e riproduce sistemi dinamici del corpo: correre, camminare, rotolare e strisciare. E' interessato e ha attitudine per le attività ritmico-musicali, comunica verbalmente in maniera chiara, comprensiva e completa, descrive contenuti, sintetizza un breve racconto, verbalizza un'esperienza rispettando la successione logico-temporale.

DOMENICO

Ha frequentato assiduamente la scuola dell'Infanzia, a scuola si è presentato sempre pulito e curato. Il suo umore è variabile e imprevedibile. Manifesta le emozioni con le parole, reagisce a quelle frustanti con il rifiuto ostinato. Rispetto alla sua età ha un livello di attenzione, memoria, curiosità nella norma ma non si impegna molto nelle attività che gli vengono proposte. Si muove con sicurezza è autonomo nei servizi igienici e nell'eseguire quasiasi compito pratico proposto dall'insegnante. Riconosce le varie parti del corpo, sa nomenclarle e rappresentarle graficamente. Nelle attività grafico-pittoriche, non riesce sempre a elaborare il tema proposto e ha qualche difficoltà ad usare le tecniche di coloritura in modo preciso.

RICCARDO

Il bambino è dolce, affettuoso e sensibile dimostra atteggiamenti di collaborazione e rispetto nei confronti dei compagni e degli adulti. Ha un buon livello di attenzione e comprensione, memorizza poesie e canti. E' autonomo nei servizi igienici, nel vestirsi e svestirsi o in tutte le attività pratiche e di riordino. Ha acquistato una discreta percezione dell'uso corporeo e ha preso coscienza degli spostamenti del corpo nello spazio, nei movimenti è sicuro anche se non riesce a denominare con sicurezza la parte destra e sinistra del corpo. E' un po' lento nell'esplicare, riepilogare reazioni grafiche dei contenuti, storie narrate ed esperieze vissute, ha bisogno di essere seguito, stimolato e gratificato per portarlo a termine.

DANIEL

Il bambino ha frequentato la scuola dell'Infanzia in modo continuo e proficuo. E' attento, responsabile e serio. Ha rafforzato l'dentità sotto il profilo fisico, mentale e psicodinamico. Sa comunicare verbalmente in maniera chiara e precisa, conosce e rispetta le regole del vivere sociale, è in grado di compiere scelte libere in situazioni diverse, collabora con il gruppo. Mostra notevole capacità di attenzione e comprende con facilità tutto ciò che gli viene proposto. Utilizza correttamente tutte le parti del corpo e riesce a riprodurle graficamente in modo preciso e ricco di particolari. Usa il linguaggio verbale in modo chiaro, possiede una buona pronuncia, comprende e rielabora racconti, si è avviato senza difficoltà alla scrittura, riconsoce fonemi e .

Utilizza le varie tecniche pittoresche in modo appropriato e con fantasia i colori.

BIBLIOGRAFIA

INTERNET :

1) SITO INDIRE

2) SITO MINISTERO PUBBLICA ISTRUZIONE

3) SITO SNALS

4) SITO CISL

5) SITO UIL

6) SITO EDUSCUOLA

7) SITO PUNTOEDU

8) SITO COBAS SCUOLA

9) SITO ORIZZONTE SCUOLA

10) VARI USP PROVINCIALI NAZIONALI

11) INDICAZIONI PER IL CURRICOLO

In sintesi

CURRICULUM VITAE ET STUDIORUM

Nato il 12-10-68 A NAPOLI E RESIDENTE IN AGROPOLI in VIA TAVERNE ,60

CONIUGATO CON 2 FIGLI. E-MAIL dsplend@tin.it

ISTRUZIONE E FORMAZIONE

DIPLOMA RAGIONIERE QUINQUENNALE 1981/1986 PRESSO L'ISTIT.CALASANZIO DI NAPOLI

PATENTE D ANNO 1987

PATENTE NAUTICA 1988

OTTIMA CONOSCENZA SISTEMI OPERATIVI OFFICE 97/07

QUALIFICA PROGRAMMATORE 20-04-1990 CON ESAME FINALE ISTIT.PIRRONE NAPOLI

ATTESTATO TELESCRIVENTISTA ANNO 1991CON ESAME FINALE PRESSO L'E.I. DI SAN GIORGIO A CREMANO-NA-

CORSO TIRO A SEGNO 23-11-1993 CON ESAME FINALE

PATENTINO SUBACQUEO 25-11-1993 CON ESAME FINALE

CORSO GINNASTICA ARTISTICA 12-04-1994 CON ESAME FINALE

Diploma di LAUREA I.S.E.F. ANNO 1991/1994 PRESSO L'IST.SUP.ED.FISICA DI NAPOLI

ASSISTENTE PRESSO L'IST.SUP.ED.FISICA DI NAPOLI DAL 1991 AL 1994

BAGNINO DI SALVATAGGIO CON ESAME FINALE E ISTRUTTORE DI NUOTO

AUTISTA DI AMBULANZA 1998

VOLONTARIO SOCCORSO CROCE VERDE 2001

CORSO 1° PRONTO SOCCORSO ED EDUCAZIONE SANITARIA 17-11-2002 CON ESAME FINALE

CORSO SICUREZZA SUL LAVORO 626/94 ANNO 20-03-2003 CON ESAME FINALE REG.CAMPANIA

CORSO ALIMENTARISTA CON ESAME FINALE PRESSO LA REGIONE CAMPANA 2005

CORSO PERFEZIONAMENTO IN POSTUROLOGIA E CHINESIOLOGIA A.S.2005/06 UNIV. CHIETI CON ESAME FINALE

CORSO DI PERFEZIONAM. S.I.S.S. TERAMO –UNIV. "G.D'ANNUNZIO"DI CHIETI –PER ABILITAZ. A029-A030 ANNO 2004/2006 CON ESAME FINALE TOT 2

CORSO DI PERFEZ. S.I.C.S.I. NAPOLI.- UNIV. "S. O.BENINCASA"DI NAPOLI-PER ABILITAZ.AD00-AD04 ANNO 2005/06 CON ESAME FINALE TOT 2

LAUREA SCIENZE MOTORIE (VECCHIO ORDINAM-.4 ANNI-) PRESSO L' UNIV."G. D'ANNUNZIO" DI CHIETI ANNO 2006

TESI SPERIMENTALE IN POSTUROLOGIA INFANTILE 2006

TESI LA SINDROME DI DOWN 2006

8 PUBBLICAZIONI INERENTI L'INFORMATICA con relative isbn

8 PUBBLICAZIONI INERENTI IL SOSTEGNO E LA DIDATTICA SCOLASTICA (per tutti i cicli della scuola).

MASTER 1° LIVELLO ANNO 2006/07 UNIV.PEGASO -NAPOLI –IN "METACONDIZ.,APPREND.E TEC.DELL'ISTRUZ.IN AMBITO DIDATTICO". (t.i.c.)

MASTER 1° LIVELLO ANNO 2007/08 UNIV. S.PIO V -ROMA –IN " DINAM.RELAZ. E METODOL. DIDAT. NEI GRUPPI DI APPREND".

CORSO "POLO QUALITA'" PER LA SCUOLA PRESSO REG.CAMPANIA A.2008 E 2009.

PARTECIPAZIONE A CORSO DI AGGIORNAME NTO PER :

1 CONSULENTE ESPERTO GIOCO SPORT SCUOLA PRIMARIA 1°CICLO

2 CORSO SUI NUOVI STRUMENTI TECNOLOGICI PER L'APPRENDIMENTO A.S. 2008-09

3 CORSO SULLA SICUREZZA ANNO 2010

ATTUALMENTE ISCRITTO ALLA LAUREA MAGISTRALE IN SCIENZE PEDAGOGICHE PRESSO L'UNIVERSITA' DI ROMA .

CORSO DI FORMAZIONE NEL SETTORE INFORMATICO "PROGRAMMATORE "CON ESAME FINALE ISTIT.PIRRONE NAPOLI

CORSO DI FORMAZIONE NEL SETTORE INFORMATICO "E.C.D.L. "CON ESAME FINALE REGIONE CAMPANIA DI SALERNO

Finito di stampare nel 2010

www.ingramcontent.com/pod-product-compliance
Ingram Content Group UK Ltd.
Pitfield, Milton Keynes, MK11 3LW, UK
UKHW020233250726
13967UKWH00001B/346